JN077604

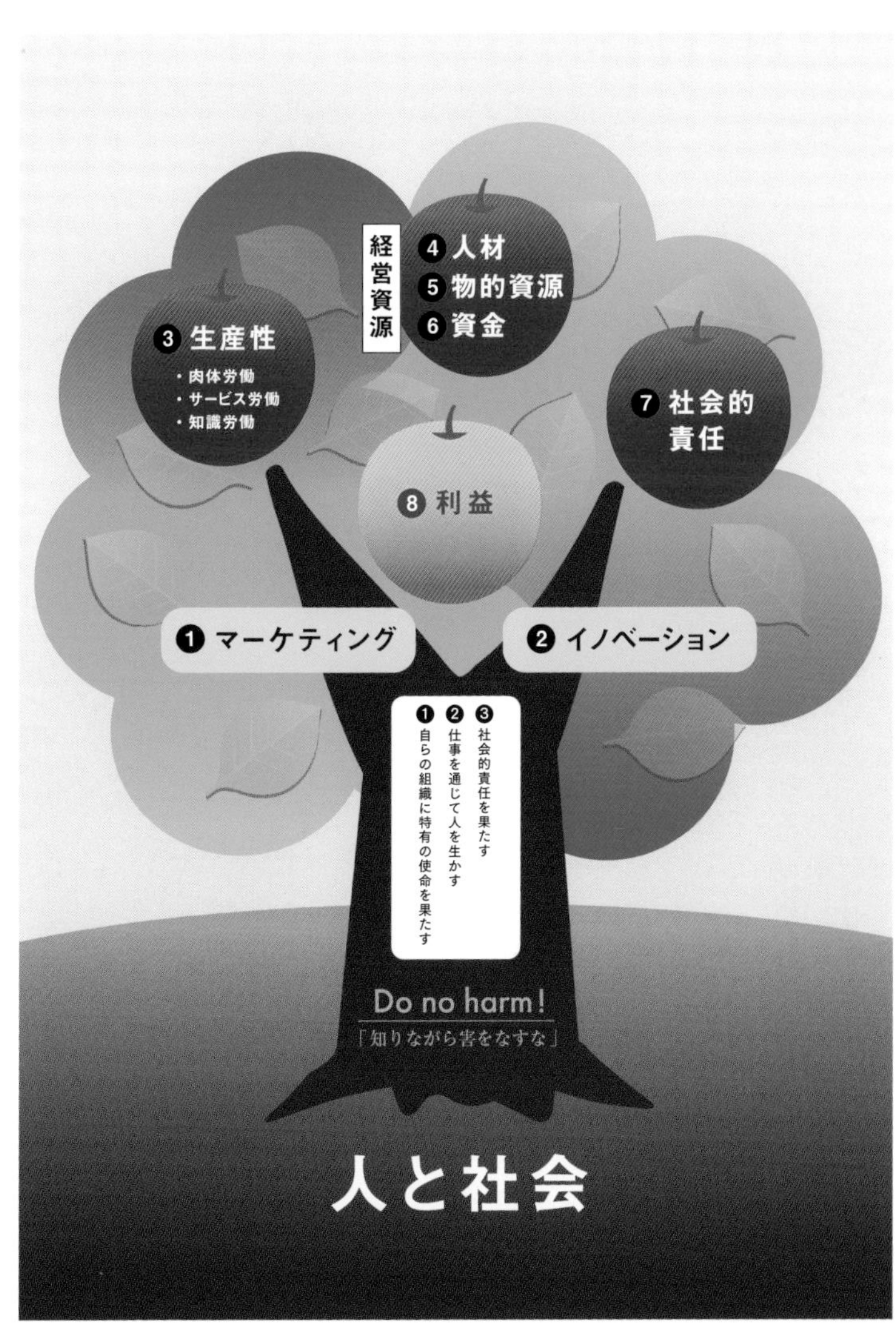
経営資源
❹人材
❺物的資源
❻資金
❸生産性
・肉体労働
・サービス労働
・知識労働
❼社会的責任
❽利益
❶マーケティング
❷イノベーション
❶自らの組織に特有の使命を果たす
❷仕事を通じて人を生かす
❸社会的責任を果たす
Do no harm!

「知りながら害をなすな」

人と社会

マネジメントの樹

悠々として急げ。

——ラテン語による古い格言より

未来を大きく変える
ドラッカーの問い

Drucker for Survival

ドラッカー・フォー・サバイバル

井坂康志
ドラッカー学会理事

日本能率協会マネジメントセンター

上田惇生先生との思い出に

はしがき――ドラッカーは後になって効いてくる

ピーター・フェルディナンド・ドラッカー（一九〇九〜二〇〇五年）は、世界中の経営者に決定的な影響を与えた人物として知られていますが、彼は経営学という特定の分野では収まり切れない仕事をした、第一級の思想家でもありました。

私がドラッカーを本格的に学び始めたのは、二〇〇一年の初めの頃でした。今から二〇年余り前のことです。

書店の店頭はドラッカーの見事な編集シリーズ本で埋め尽くされていました。東京駅近くのある大型書店では、ドラッカー関連書籍コーナーのＰＲパネルに大きく次のように書かれていたのを思い出します。

「ドラッカーは後になって効いてくる」

二〇年たった今も、かくも的確にドラッカーの効能を説くフレーズにはお目にかかったことがありません。

同じことを口にする人々に私は数えきれないほど会ってきました。ある友人などは、「ドラッカーに出会っていなかったらと思うとぞっとする」とさえこぼしていました。さらには、「なんで若い頃にドラッカーに出会わなかったのだろう」と嘆く声もたくさん耳にしてきました。どうして、早く耳を傾けておかなかったのだろうと。

私はこの本を二〇代後半から三〇代はじめにかけての方々、すなわち、人生やキャリアの決定的な時節にさしかかる方に向けて書きました。自己展開のための踊り場にいる方々です。

どうしてでしょうか――。

私自身どうしようもない苦悩と焦りに取り巻かれていた時期であったためです。そそり立つ絶壁の前に立ち尽くすような孤独感でした。

一生ものの意思決定を次々と下さなければならない。にもかかわらず、経験値がほぼ役に立たない。あるいは指南者や助言者がほしい。なかなか見つからない。

今から見てみれば、ただでさえ、夏場の台風のように、次から次へと「人生の決定的瞬間」が訪れる。やっとの思いで就職したかと思うと、転職しようかどうか迷い、このまま三〇歳を迎えてしまうことに強い不安を感じたりします。結婚するかどうか、子供をもつかどうかなど。

まさに、さなぎが蝶になる直前、期待と不安に包まれた一時期にあってこそ、頼りになる指南役がほしい。

ドラッカーの声に耳を傾けることを強くお勧めします。

「ドラッカーは後になって効いてくる」

後になって効いてくるのは、本物である最もわかりやすい指標でしょう。「すぐ役に立つものはすぐ役に立たなくなる」と言われる通りです。反対から言えば、本当に役立つものは、今すぐ役立つとは限らない。

ドラッカーによるマネジメントは、組織人としての階段を上がる中でも役に立ちます。けれども、もちろんそれだけではありません。

登山にたとえるなら、いつも好天に恵まれるとは限りませんし、時にはとんでもない災難に見舞われることもあります。問題は、逆境のときにどうするか、どうしのぐかにあります。あるいは、下山も同様でしょう。遭難は下山で起こるとはよく言われることです。

ドラッカーが教えるのは、答えではありません。問いです。彼の提起したコンセプトは、目標、機会、強み、成果、ミッション、顧客、イノベーション、マーケティング、戦略など豊かな実践知の生態系をなしていますが、すべてにおいて共通するのは、それらが例外なく問う精神（クエスチョニング・マインド）に由来する点です。問いが人を導いてくれる。問いほどいざというとき頼りになるコンパスはありません。

私自身ドラッカーから学んできた最高の指針は問いにあります。彼の問いは「生に処するための方法」あるいは「生き延びるための見方」をも教えてくれるからです。命を損なわず、しかも自分らしく生をまっとうしなければならない。

ドラッカーは値千金の教えとして、生涯にわたって役に立ってくれます。いずれもささやかなものばかりです。

だからもう一度言います。

「ドラッカーは後になって効いてくる」

ドラッカーに学んで、三年後、五年後、一〇年後、二〇年後を激変させた方は枚挙にいとまがありません。

本書を手に取るに際し、読者の皆さんはたった一つのことを要求されます。それは目の前の答えに飛びつかず、問いをもって始めるということです。

たったそれだけです。

一つの問いが未来を大きく変えるからです。

今日が数年後の激変に向けた小さな記念日として記憶されることを願っています。

井坂康志

目次

第2章 マネジャーとは誰か 120

第5章　知識とは何か　207

第6章　フィードバック分析——強みを見出し、生かす方法　233

第III部　ドラッカーに学ぶ生き方と働き方の作法

※本書中のドラッカーの引用文は、上田惇生訳、ダイヤモンド社等の刊行物に準拠しています。詳しくは巻末の「参考文献リスト」および「もっと学びたい方へ」記載のQRコードで確認いただける「Drucker Studies」をご参照ください。

第1部

今、ドラッカーから学ぶこと

今なお読まれる理由

世には『マネジメント――課題・責任・実践』(一九七三年)の解説を中心に、ドラッカーについてあまりにも多くの本で溢れているのはご存じでしょう。入門書や関連の本を手に取ったことが一度はあるのではないでしょうか。

いやというほど解説され論じ尽くされてきたドラッカー。Amazonで、タイトルや惹句の一部にドラッカーを含む書物は軽く一〇〇冊を超えています。その言及を含む本もすべて積み上げていったら、ちょっとしたマンションの三階くらいの高さにはなるでしょう。

あるいはこんなふうに感じる方もいるかもしれません。

「今さら、ドラッカーについて新しく語ることなどあるのか？ まして、本丸中の本丸であるマネジメントについてはなおさらではないか？」

私は以前から学生やビジネスパーソン向けに、ドラッカーのものの見方を紹介してきました。結果わかったことがあり

『マネジメント――課題・責任・実践』
ドラッカーによる1973年の著作。原著800頁を超える大著にもかかわらず、今なお経営者、大学、NPO等の基本文献として参照されている。いわばマネジメントの集大成であり、実務家と研究者にとって百科事典的な書物でもある。本書の中心部分を編集した『【エッセンシャル版】マネジメント』は、岩崎夏海氏のベストセラー小説『もし高校野球の女子マネージャーがドラッカーの「マネジメント」を読んだら』の参照書籍ともなった。

ます。

ドラッカーの言ったことは、一見するとわかりやすい、あるいは当たり前です。けれども、いざ自分のことに置き換えようとしたとたんに、多くは途方に暮れてしまうのです。

顧客についての次の文章を抜き出して見てみましょう。顧客は英語でCustomerと言います。一般的には消費者を意味することが多いものの、広くは従業員、取引先、地域住民、メディア等々事業にかかわるすべてを指しています。

「顧客は合理的である。顧客が不合理と考えることは危険である。それは、顧客の合理性がメーカーの合理性と同じであると考えたり、あるいは、同じでなければならないと考えたりするのと同じように、危険である」(『イノベーションと企業家精神』)

ふつうに読むと、「お客さんのいうことは確かに本質をついているよな」などとたいしたひっかかりもなく過ぎてしまいます。結果として、「言っているのは当たり前のことばかりだ」とか、あるいは、「ただの一

『イノベーションと起業家精神』
ドラッカーによる1985年の著作。イノベーションは天才のひらめきではなく、一定の方法論であり、誰もが学び実行できる体系であることを明らかにした。

般論に理屈をつけただけだ」などと感じてしまいます。

あえて言ってしまえば、ドラッカーの発言は読んだだけでは役に立たないのです。

では、無価値なのか。反対です。ドラッカーの指摘は、それぞれの対峙する切実な現実に向けて創造的に自問して初めて意味をもつからです。自らの置かれた現実に「翻訳」し「実践」しなければ意味をなさない。反対に自分なりに上手に翻訳し、実践する人にとっては、じわじわと効き目が出てきます。

「ドラッカーは受け身をとることを許さない人」です。聞いたふりや、理解したふりを許さない。もしくはグローブやミットで受け止めることさえをも許しません。痺れる痛みとともに、素手でボールを受けとめることを求めている。そして、「どう変わったか」まで執念深く要求してくる。

そうなのです。ドラッカーはものすごく「痛い」のです。

彼は「古い」のか？

もう一つ、よく聞くのは、ドラッカーは古いという評価です。

まことにごもっともです。

彼が生まれたのは一九〇九年、和暦で言うと明治四三年。亡くなったのは二〇〇五年ですから、ほぼ二〇世紀を生きた人です。ウィーンに生まれ、一九二七年にハンブルグ、一九二八年にフランクフルトに移住しています。その後ナチズムへの抵抗を経て、一九三三年にロンドン、一九三七年にニューヨークへと居を転じ、一九七一年にカリフォルニア州クレアモントに移住し、当地で没しています。

「人生の大半はインターネットもSNSもスマホもなかった時代の人だ。二一世紀の現代は違う時代になっている。確かにマネジメント論は二〇世紀後半には役に立ち多くの経営者に支持されたかもしれないが、さすがに昨今では有効性はだいぶ薄れているだろう」

無理もありません。現実的に、ドラッカーの生きた時代と現代はあまりにも違います。時代変化に即して新しい経営理論も次から次へと出てきています。

私は「古い」という評価が間違っているとは思いません。にもかかわらずドラッカーを学ぶべきと思うのは、まさにその「古さ」に由来してのこと。ドラッカーは知識だけでなく、熟成された自己変革のための知恵の宝庫だからです。

その点を的確に見抜いていたのは、ドラッカーの友人でマーケティングの大家フィリップ・コトラーです。

「最近のドラッカーに関する評判を聞いた。日本人の中にも、もう古いと考えている人も出てきているようだ。だが、それが最高経営責任者や経営幹部にまで信じられているのは、間違っていると感じる」「われわれは何度も読み直して彼の言葉を味わうべきだ。日常のビジネスや生活で忘れてしまいがちだが大事なことを、時にとてもシャープな表現で、しっかり思い出させてくる」

こうして、コトラーは次のように締めくくります。

「『ドラッカーからもう学ぶことがない』などという日本人経営者がいるとすれば、それは大切なことを思い出す貴重な機会をみすみす逃しているのだ」（『日経ビジネス』二〇二〇年一二月二一日号）

私は幸運にも最晩年（九五歳）のドラッカーとカリフォルニアの自宅で対話する機会をもったのですが、その歴史的な射程に改めて驚嘆させられました。「現在進行中のＩＴ革命をどうごらんになりますか」という質問に対して、「一五世紀に発明されたグーテンベルクの印刷技術のほうがはるかに影響は大きかったのですよ」と答えています。

数世紀前の話をつい先日のように語るのです。

広い歴史観から培われた知恵は、変化の激しい現代のビジネスパーソンにとって、かけがえのない宝です。変化の激しい時代に生きるからこそ、変わらざるもの、本質的なものが求められる。それを用いるか用いないかによってどれほど巨大な差が生まれることでしょうか。

フィリップ・コトラー（1931年～　）
アメリカの経営学者。ノースウェスタン大学ケロッグ経営大学院SCジョンソン特別教授。現代マーケティングの第一人者として知られ、日本でも数多くの著書が翻訳されている。ドラッカーとも親しい関係にあり、対談なども多く行っている。

もやもやを糧に

ただし、読んでいてもやもやするという声もあります。それでいいのです。彼が示すのは答えではなく問いだからです。人は答えを示されると考えなくなります。しかし、良い問いを示されると、素敵な音楽に合わせて体が動き始めるように、外の世界が見たくなり、行動したくなるのです。

もやもやを糧とすべきです。もやもやすることは学びの始めといってよいくらいです。葛藤とは真の成長の準備段階であるためです。

ちなみに、唯一の明快な答えがあるはずだというのは、ドラッカーの最も嫌う見方でした。そのようなものはどこを探しても見当たりません。

現実の世界では、やってみなければわからないことがたくさん出てきます。次の社長を決めたり、新規事業に着手したりするとき、実際に行ってみなければわからないことなど星の数ほどもある。だから、小さな問いから始めてみる。マネジメントに随所に埋め込まれている見方です。

見慣れない言葉もありますが、慣れてくると、仕事や生活の日常がいきいきと鮮やかに見えるものばかりです。ドラッカーの見方を知ることで、世界が違って見えてくるようになるのです。

もちろん、仕事上の成果だけではありません。人生全体を豊かにしてくれる視点も豊富に含まれています。

最初の主題に戻りましょう。問いの世界では、芸術や思想の世界がそうであるように、古いものほど新しいのです。私としては「古くて時代遅れ」と思う人にこそ、新しい目で読んでいただきたいと願っています。新しい時代に出会う古い哲人——。

くれぐれも「原始的」で「素朴」なものを見くびってはいけません。

マネジメントとは何か？

次に見るべきは、マネジメントとはそもそも何かです。

「マネジメントとは何か」——意外に検討されることのない問いではないでしょうか。

ビジネスパーソンや学生の方と話をしていて、ドラッカーを「マネジメントの発明者」と紹介すると驚かれることがあります。

「では、ドラッカーが着手する前は、マネジメントはなかったのですか？」と聞かれることもあります。

結論から言えば、「Ｙｅｓ」です。

オーソドックスな経営学の教科書などを見ると、経営とは、企業などの組織の資源を有効に用いて利益をあげる方法や考え方という意味で使われます。経済行動を組織論的に表現した知的体系です。

自動車会社であれば、銀行から資金を借り入れて、従業員を雇用し、資材を仕入れて、購入した土地に工場を建て、自動車を製造して、販売し、利益をあげる。このような一連の行動を経営と呼ぶことになります。経営は会社のトップにしかないという今なお強固な観念もそこからきているのでしょう。

ドラッカーは、このような説明で、マネジメントを十分に記述可能とは見ていませんでした。上記の自動車会社の経営を見ると、資金や人材、資材を適切に組み合わせて、商品を製造・販売し、利益をあげるという、経済的な視点からとらえられていることがわかるでしょう。

組織が経済活動を行うのはもちろんです。しかし利益追求はマネジメントのごく一部に過ぎないとドラッカーは見ました。利益が中心に置かれた場合、明らかに社会を損なうとも見ていました。一時、「お金儲けって悪いことなの？」とうそぶく投資家や経営者が人気を博したことがあります。

対して、お金儲けが中心に置かれたとき、「悪いものだ」とはっきり言えなければいけない。道徳や倫理、人間を抜きにした金儲けである限りにおいて、断固として退けなければなりません。人間のいない経済ほど始末に負えないものはないからです。

資材や資金だけでなく、ほかならぬ「人」による良い仕事と良い自己実現がなければ、どんなに最新鋭の設備や、立派な工場、豊富な資金があったとしても、事業活動に生命を与えることはできないとドラッカーは見ていました。

現代のようにAIなどのテクノロジーによって、事業の中心から人がいなくなったのかといえば、もちろんそんなはずはありません。

むしろ、知識の高度化によって、工業が中心だった時代よりも、さらに人の生み出す価値はかけがえのないものになっています。新しい時代には、人を生かすための新しいマネジメントが必要とされるだけです。

「人」が中心にいるとは、何を意味するのか。

二〇世紀以降のアメリカでは、人は会社という共同体の一員であり、アメリカ社会の一員でもあった。

働くとは、生活の資を得るためだけでなく、社会の一員として、市民としての絆と誇りをもたらすものでもありました。

さらに、会社は、社会全体に生命を与えるダイナミックな存在でもあります。『現代の経営』冒頭の有名な一節が雄弁に説明しています。

「マネジメントとは事業に生命を与えるダイナミックな存在である」

こうして見ると、マネジメントに伴う人の果たすべき役割はあまりに広大です。ただ変化に取り巻かれて、変化の犠牲になるのではなく、自ら変化に働きかけ、かえって変化を創造的かつしたたかに利用する。

『現代の経営』は、「企業の目的として有効な定義は一つしかない。すなわち顧客の創造である」とし、企業の機能がマーケティングとイノベーションにあると明示しています。マネジメントの本質を明らかにすることで、世界の企業と産業に影響を与えたドラッカーによる最初の経営書です。

マネジメントは、人を中心として、組織的に価値を生み出す活動をトータルに表現しています。

後に詳しくお話したいと思います。

問いと助言の生態系

マネジメント思想家のチャールズ・ハンディが紹介するエピソードがあります。

ある学生がハンディの教える大学院に入学してきたと言います。学生といっても中年の男性で、しかもさる有名企業の経営者でした。ハンディは不思議に思います。なぜ十分成功しているのに、今さらわざわざ経営学を学びに来たのか。疑問を投げかけてみたところ、次のように答えたと言います。

「確かに私は十分に成功してきました。しかし、なぜ私が成功できたのか、それだけがわからなかった。私が成功した理由が知りたくて大学院に入学しようと思ったのです」

ドラッカーの書物が経営者に読まれる理由の一つはそこにあります。ドラッカーの言にふれて、自分がなぜうまくいったのか（あるいはうまくいかなかったのか）を知るようになった人はあまりにも多いのです。経営者に「刺さる」最大の理由、目から鱗がばりばりと落ちる指南力の源はコンサルタントとしての豊富な現場観察の蓄積にあります。ニューヨーク大学やクレアモント大学院大学の教授でもあったのですが、あまり学者と見られることは好きでなかったらしく、コンサルタントもしくはライター（文筆家）と自己紹介していました。

ドラッカーが生涯現役のコンサルタントであった事実はいくら強調してもし過ぎることはありません。そればかりか世界で最初にコンサルティングを行った人の一人が彼でした。一九三七年にアメリカにわたってから、しばらくは大学の非常勤講師や講演で生計を立てていたのですが、その後GM（ゼネラル・モーターズ）の実地見聞を重ねたことを契機に、次々とコンサルティングの依頼が入って

チャールズ・ハンディ（1932年～　）

「イギリスのドラッカー」とも称されるマネジメント思想家。オックスフォード大学を卒業後、シェル石油のマーケティング部門や人事部門でエグゼクティブとして活動した後に、マサチューセッツ工科大学（MIT）のスローン・スクール客員研究員を経て、ロンドン・ビジネス・スクール教授。発言領域は広くまた深く、人間社会全般への機微に及んでいる。

くるようになりました。

　ＧＥの執行役員と会社組織の改革について話をしているとき、改革に関する報告書を作成する部署を何と呼べばいいのかということになり、そのとき生まれたのが「経営コンサルタント部」でした。今では経営コンサルタントはめずらしい仕事ではありませんが、そのとき発明されたのです。

　後の世界的コンサルティング・ファームになるマッキンゼーの創始者マービン・バウワーにドラッカーはコンサルティング業について教える機会を得ています。二人は政府機関に勤務しているとき机を並べていた間柄でした。バウワーからマッキンゼーを何と呼んだらいいのかと聞かれ、「コンサルティング・ファーム」とドラッカーは答えたといわれています。

　コンサルティングはドラッカーによって創られ、マッキンゼーによって広められたという経緯があったのです。

　経営三部作『現代の経営』（一九五四年）、『創造する経営者』（一九六四年）、『経営者の条件』（一九六六年）いずれもが、コンサルティングという現場の知を体系化した著作である点は注目に値します。Ｇ

マービン・バウワー（1903〜2003年）
法律事務所勤務の後、1933年にマッキンゼー＆カンパニーに移籍。以後、マネージング・ディレクターとして同社発展の礎を築いた。経営に初めて科学的・論理的な問題解決の手法を導入し、経営コンサルティングという業界の基盤をつくった功績でも知られる。

ＭやＧＥに限らず、ＩＢＭ、ｐ＆Ｇ、シアーズ・ローバックなど現場の知見を体系化した、「実践知の枠」。それこそがマネジメントの本質なのです。

言い換えれば、マネジメントは、ドラッカーが第三者として企業現場と深くかかわってきた体験に由来する「問いの体系」「助言の体系」の生態系ともいえます。現場の試練を耐えてきただけに、驚くほど有効性が高くて、しかも徹底的に親切なのです。

必要な装備は十分ですか？

仕事と人生に悩みは尽きません。誰しも、生き延びていくには、指南役を必要としています。せっかくならば世の中のことを一番よく知っている人に指南役になってもらいたい。

ドラッカーは折り紙付きです。まずはドラッカーの発言にふれてみてください。経営者の方々、経営の先生方の先生がドラッカーだからです。

そればかりではありません。

言うまでもないことですが、日々働き、生活していくのは楽なことばかりであるはずもなく、予期していなかったこと、愉快とは言えないことなど頻繁に起こります。

山道を進んでいけば、想像もできないトラブルに出くわしたり、急に雨に降られたり、雷雲に取り巻かれたりする。どのような装備をもつべきかには周到な配慮がなされなければなりません。

一見きらびやかに見えても、いざというとき役に立たない道具では意味がないどころか、邪魔なのです。多少やぼったく見えても、大事な場面で効力を発揮してくれる道具をもちたいものです。

どれほど原始的で、素朴に見えても、しっくりと手になじんだ頼りがいのある道具を手にすべきです。登山を途中であきらめないための大事な心得です。

ドラッカーは経験豊かな助言者です。しかも、心得からちょっとしたしかけまで、繊細な眼配りが効いています。

第Ⅱ部では、「マネジメントの樹」を用いて問いと助言をお伝えしていきます。本書では著作の順番に添って解説していくことはいたしません。むしろマネジメントを実践していくうえで、切実かつ実践的なところ（根）から、しかけやコンセプト（枝や葉）へと展開していきます。

いずれもが、経営コンサルティングの現場から生み出された見解の集積であることは心に留めておくべきでしょう。

反対に言えば、ドラッカーの発言で、現実から汲み上げられていないものは一つもない。頭脳の中だけで考えられた理論やコンセプトは、それ自体首尾一貫していたとしても、現実世界で機能する保証などどこにもないからです。

やはりドラッカーが強調していたのは、現実との対話です。実践、もしくはプラクティスと言います。ドラッカーの見方はプラクティスを含むものであり、この点が優れた助言者・指南者としての彼の絶大な品質保証と見てよいでしょう。

ドラッカーにおいて、問いと助言はワンセットです。以降、問いと助言を意識して読み進めていただきたいと思います。

第II部

マネジメントの樹を育てる

第1章 事業は一本の樹

プリンシプルにはかなわない

私たちには、何か課題があるとすぐに解決策を導こうとしたり、犯人捜しをしたりする癖があります。もし、私たちの生の営みを一本の樹にたとえるなら、その樹を成長させていくためには、場当たり的なふるまいは結果的に最も高くつく事実を知っておくべきです。拙速ほど危険なものはないのです。

一例を挙げておくのがよいでしょう。

ドラッカーは、**「キャンペーンによるマネジメントは失敗する」**と述べています。

キャンペーンによるマネジメント――。いったい何を意味するのか。

短絡的で、近視眼的、一発逆転をねらうような試み全般を指しています。簡単に言えば「その場しのぎ」です。

売上げ増大のために、年度末になると一大キャンペーンを打つなどはどの業界でもめずらしいことではありません。確かに一度や二度なら効果があってもおかしくないが、常態化するなら、マネジメントのプリンシプルから疑問が呈されます。「キャンペーンによるマネジメントは失敗する」。正確に言えば、「長期的には失われるもののほうが圧倒的に多い」。

いったいどうしてでしょうか。

確かに、キャンペーンによって、ある期間には売上げが伸びるように見えます。夏の大感謝祭、プレゼント、一律のコストカットなど、当座の売上げが大きく変化することは否定できない事実です。

けれども、作用があれば副作用があるのも間違いのないところです。都合のよいことばかりが起こるわけではない。

どんなものがあるでしょうか。

販売促進のキャンペーンを打つと、現場の営業担当はさらなる売上げのために、値段を下げて注文を多く取ろうとします。一見すると売上げが増えたように見えます。しかしよく見ると、需要は全体として大きく変わらないわけですから、増えたように見える利益は将来の売上げの先食いに過ぎず、どこかで反動がやってきます。かえってその後受注減が深刻な問題となって、会社の屋台骨を腐蝕させるリスクを認識すべきです。

あるいは、「売上げを二〇%あげる」を成長と見るならば、広告宣伝費を多くかけるなどして従来よりも顧客に多くアプローチし、一方で無駄なコストを削減するなどの働きかけが打ち出されるでしょう。

しかし、個別の働きかけは全体に影響します。顧客に多くアプローチすることで一件当たりの顧客対応の質が下がってしまったり、広告宣伝がかえってコストを圧迫したり、原材料費の見直しや物流コストの低減が結果としてサービスの質を下げ、取引先の不信を生んだり、社員の意欲が下がって職場が疲弊したりが副作用の典型です。

急激なダイエットが結局リバウンドを生みやすいように、急激な作用は後に大きな反作用を生むことになります。

ドラッカーの言わんとするところは、「目先の利益に惑わされると、結局長い目で損をするばかりでなく、取り返しのつかない破壊的作用を被る危険がある」ということでした。目先の損得に惑わされた対症療法はマネジメントで一貫して避けられているものの一つです。

さらに「取り返しのつかない損失」の最たるものは、人に関するものです。組織は人で成り立っています。どんなに巨大で盤石に見える企業や政府であっても、人によって成り立つ基本は変わりません。

キャンペーンによるマネジメントは、人の意欲や能力に対して破壊的な作用をもたらす。それが「取り返しのつかない損失の最たるもの」です。社員が経営陣を信用しなくなるためです。結果として不信の組織文化が形成され、継承されていくことになります。

「またか……」

「誰に吹き込まれたんだ?」

「適当にやる気のあるふりをしておこう」
「すぐに飽きるだろうな。少しの我慢だ」

やがて社員がおおかみ少年を見るようにマネジメントを見るようになる。一度つくられてしまった文化を変えるのは並たいていの苦労ではありません。

しばしば「今だけ、金だけ、自分だけ」と言われますが、目先の利益を追求すると、結果として組織を腐敗させる最悪の事態を招いてしまう。一時の劇薬は、感覚を麻痺させ、あたかも問題が消滅したかのような錯覚を起こさせます。しかし、それは局所的であり、長い目で見て体質改善にはつながらないばかりか、かえって問題の所在を見えなくすることで状況を悪くします。結局みんなが損をするのです。

すべては生きている――「マネジメントの樹」が語ること

マネジメントのフレームワークを全体から理解していきましょう。次頁の絵をご覧ください。マネジメントを一本の樹に見立てています。「マネジメントの樹」と呼んでいます。少しだけ、この樹について説明させてください（本書は今後もいくつか、樹の姿に見立てて、ドラッカーの問いと助言を説明していきます）。

マネジメントの樹を自社に見立ててください。一歩引いて全体像から事業について広く視野をとってみてください。

マネジメントの樹

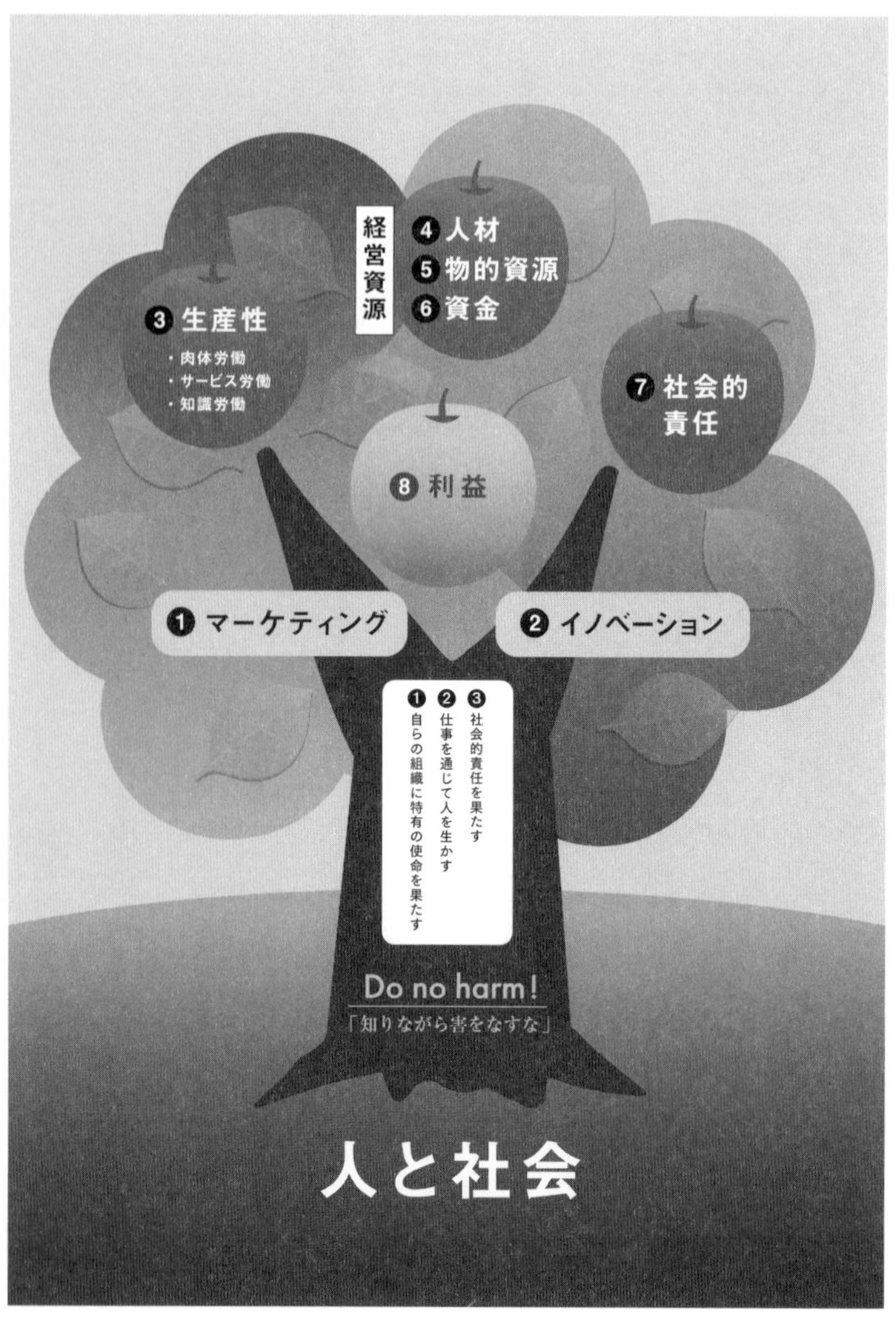

経営資源
❹人材
❺物的資源
❻資金
❸生産性
・肉体労働
・サービス労働
・知識労働
❼社会的責任
❽利益
❶マーケティング
❷イノベーション
❶自らの組織に特有の使命を果たす
❷仕事を通じて人を生かす
❸社会的責任を果たす
Do no harm!

「知りながら害をなすな」

人と社会

「あらゆる組織は、人と社会の中で互いに作用し合い、つながり合って生きている」とドラッカーは見ていました。**社会生態学**と呼びます。ドラッカーは自身を社会生態学者であると語っていました。社会生態学は、ありのままに世界を見て、記述する。何ものにも迎合することはなく、目に映ったものを沈思黙考するのが社会生態学者の作法です。現実のほうが理論より先にあることを認めて、観察と思索を同時に行って、現実から人と社会を記述していこうとします。会社も病院も政府もＮＰＯも社会生態学においては、一つの例外もなく「生き物」です。

実はドラッカーの指南力の源泉は、この「生き物としてありのままに見る」ところにあります。


ドラッカーは社会生態学者の仕事を次の三点と指摘しています。

①「すでに起こっている変化とは何か」を問いつつ、社会とコミュニティを観察すること
②「その変化が一時的なものではなく、本当の変化であることを示す証拠はあるか」を問うこと
③「その変化に意味と重要性があるのであれば、それはどのような機会をもたらしてくれるのか」を問うこと

ぜひご自分の会社や団体をこの樹に重ね合わせて見てみてください。

私たちは樹をいきいきと、個性的に、豊かに育てていきたい。今よりもっと大きく、もっとのびのびと。

けれども、「大きく育てたい」と思うだけでは不十分です。思いだけでは樹を成長させることはできないからです。

できることは何か。
働きかけ、行動です。次に問うべきは、「樹を大きく育てていくために、次にとるべき行動は何か」です。

マネジメントの語源は「手のわざ」を意味するラテン語からきています。生き物を手なずけて、人の役に立つようにすることから、転じて馬の手綱をとる意味もあります。

ポイントはいろいろあります。陽によくあたるようにする、肥料や水をたくさん与える、害虫を取り除く、病気になっていないか幹や葉の色つやを点検する……。樹に成長してもらうためには、いくつもの急所があるのはおわかりでしょう。

ただし、お伝えしなければならないことがあります。

実は、ドラッカーはマネジメントについて、「これさえすれば大丈夫」という説明をしていません。そこには唯一絶対の正解はないのです。

農家の方が、丹精込めて作物を育てている姿を思い出してみてください。生き物を育てるために行うべきことは、百もあるいはそれ以上もあって、ふさわしい働きかけを適時に行っていく。農家の方は、樹をいきいきと成長させる働きかけをトータルにかつ緻密に行っているのです。何か一つ、これさえやっておけば他が不要などとは考えない。それは手抜きにほかなりません。

樹を成長させるには、数えきれないくらいの「手のわざ」があります。必要があれば、思い切って働きかけを変えなければならない。樹のもつ自然の力にゆだねてしまったほうがよいこともあります。季節、気候などによってもなすべき行動は異なってくる。

いずれにしても、成長は、たった一つの原因から起きているのではない。それだけは確かです。すべてがつながる生態系と同じく、企業と組織も生き物なのです。

「急所」はどこにある

先に、これさえ行えば大丈夫という究極の方法などないとお話ししました。

けれども、「いろいろある」中でも、特定の視点を外してしまうと、成長を実現できません。いわば成長のための「急所」もしくは「つぼ」です。

マネジメントには様々な適用領域があります。事業のマネジメント、人のマネジメント、仕事のマネジメント、セルフマネジメントなど様々です。けれど、「急所」の所在は変わりません。

Q すでに起こっている現実とは何か?

「急所」とはどのようなものか。

まず、目に見えやすく、わかりやすいところに急所があるとは限りません。私たちはほとんど無意識に、成長のための急所をわかりやすいところにばかり探そうとします。あるいは、わかりやすいところに失敗のための急所を見出そうとします。

果たしてそんなに単純なものなのか？

そんなはずはありません。

どんな会社でも、経理、人事、販売、製造などなど、たくさんの部署によって成り立っています。樹で言えば、幹があり、枝があり、たくさんの葉が茂っているのと同じですね。

もう一度マネジメントの樹を見てください。

樹を根底において支えているのはどの部分でしょうか。言うまでもなく、根の部分です。土の中にあって見えていないだけで、ふだんから根をしっかり張っていることで、樹は上に伸びていける。根は目に見えないながら、最も強力な「急所」です。

見えないからといって根の養生をおろそかにして、いわゆる根腐れが起こると、どんな巨木であっても枯れて朽ちていくのは時間の問題でしょう。ドラッカーの特徴はこの縦軸、すなわち**時間の要因**を重視するところにあります。根をしっかりつくることが樹全体の成長をもたらすのです。

根を考慮に入れることなく、売上げを伸ばすために、個別の働きかけをいくら行ったところで、かえって働きかけが他の部分に思わぬ支障をきたすことになってしまう。繰り返します。**根は究極の急所。**

反対に、たいていは見えているわかりやすい部分にばかり働きかけて、結果として短期的にうまくいったように見えても、長期的にはどんどん疲弊して成長する力を損なっていくことがあまりにも多いのです。「キャンペーンによるマネジメント」をもう一度思い出してみてください。売上げ、人件費、経費などなどわかりやすいところにばかり働きかけているのがわかるでしょう。

「まず個別の枝葉に目をやる前に、急所としての根を見てみたらどうか？」とマネジメントの樹は助言しています。

「根」は人と社会

「なるほど。根が急所であることはわかった。けれども、根に対してはどう働きかければよいのだろう？」

根がどのような成り立ちかを見ていけばよいのです。

Q まず個別の枝葉に目をやる前に、急所としての根を見てみたらどうか？

根は何によって支えられているか。

「人と社会」によって支えられている。

ドラッカーの導き出した答えはどこまでもシンプルでした。

人と社会こそが急所としての根であり、樹の成長のために絶えず気にかけるべき究極の視点となります。

「人と社会? そんなことで世知辛い世を渡っていけるの?」

「会社は利益をあげるためにあるんでしょ?」

「呆れた。あまりにも理想論」

などの意見も出てくるでしょう。

しかし、人と社会を第一の急所とする見方は、そんなに現実離れしたものでしょうか。

少なくともドラッカーはそうは見ませんでした。反対に、利益のために会社が存在するという見解のほうがよほど現実離れしていると見ていました。それどころか、会社とは人と社会のため、平たく言えば、「世のため人のため」に存在すると見ていた。

ちょっとした思考実験をしてみましょう。

かりに利益のためだけに存在する会社があるとしましょう。利益をあげることだけに血道をあげて、セールスパーソンをたたいて無理な顧客展開をする。利益ばかり見ていて、人と社会は見ない。結果として社員の意欲は損なわれ、ブラック企業の風評でブランドが棄損したり、顧客に損をさせてでも儲けようとするなら、誰もが首を振って静かに去っていくだけです。

やがて人材は集まらなくなり、誰も取引したがらなくなります。もちろん消費者からの支持など望むべくもない。昨今はネット社会です。「人と社会などなんとも思わない。金儲けしか考えていない」という経営姿勢は無限に増幅されて世に伝えられますから、あっという間に不興を買って存立できなくなっても不思議はない。

利益だけ追求して利益が得られるほど、世の中は簡単ではないのです。

樹が成長するために土壌と根が必要なように、船舶が航行にあたり海や川を必要とするように、企業が成長するためには人と社会がなければならない。

これほど「現実的」な見方はないのではないでしょうか。

全体を育てるためには、樹の構造の最も深い部分——どれほどの大樹であっても大地から離れて生きられないわけですから——としての、人と社会を第一の急所と見ることで、適切な成長が可能となるし、「良い会社」と「悪い会社」を分ける明確な基準ともなる。にもかかわらず、根を張って初めて生きられるというごくシンプルな事実を私たちは忘れてしまう。

「当たり前」を忘れたとき、会社はおかしな方向に向かっていくのです。

Q 根に対して、どう働きかければよいのだろう？

現に私などは、良い会社で利益至上主義の会社など一つも見たことがありません。ヤマト運輸の設立者・小倉昌男氏は、「僕は『サービスは先、利益は後』と決めた」と述べています。

マネジメントの三つの役割

第二の急所は「幹」です。幹は、マネジメントの三つの役割として知られています。人と社会への貢献をどう実現するかについての三つの急所です。三つとは、次の問いからなります。

①自らの組織に特有の使命を果たしているか?
②仕事を通じて働く人を生かしているか?
③社会的責任を果たしているか?

①自らの組織に特有の使命を果たす

「うちの会社は何のためにあるのだろう?」

「うちの会社にしかできないことは何なのだろう?」

「同業他社と比較して、うちの会社のお客さんは、何を買ってくださっているのだろう?」


事業の前提を鋭く問う急所です。すぐに答えらしきものに飛びつくのではなく、椅子に腰かけて時間をとって考えてみて下さい。

どのような組織にも、人と社会の中で、自社にしか果たすことのできない特有の使命があるはず。人と社会の支持があって、今日まで存続できたはずだからです。それがなければ、とっくに消えてなくなっているでしょう。

けれども、問いが根本的であるほどに、ふだん無意識に埋もれていて、なかなか問われることも考え抜かれることもないものです。

「御社は何をする会社ですか?」と不意に質問されたらどう答えるでしょうか。素朴な問いほどに答えるのがむずかしいのがわかる。少なくとも即答は至難の業です。

ある病院の出した答えは、「患者の安心」でした。

②仕事を通じて働く人を生かす

マネジメントの樹の中心にいるのは人です。

「いや、ビッグデータやＡＩがあれば人はどんどんいらなくなる」と思われるかもしれません。しかし、社会はそれでうまくいくのか。残念ながらうまくはいかないのです。正確には、うまくいくように見えるほどに、うまくいかなくなる。

結局、高度な知識社会をつくっているのも、人だからです。

情報という語は実によくできていて、「情」と「報」から成り立っています。情は人間の内部にあるものですね。報せ（しら）も人間に対して行われる。「報い（むく）」とも読みます。またデータから意味を解釈し、現実に適用するのも人です。会社であれ、経済であれ、国際政治であれ、結局は人のためでなければ意味がない。会社を始めとする組織も、最終的には人のためにあるからです。

むしろ、知識が高度化し、ＡＩが浸透していくほどに、人のもつ価値は高まっていくのです。反対に、テクノロジーなどは便利さや快適さを生む一方で、反作用も生みます。情報化社会や知識社会と言われつつも、「情」や「報」から乖離していくと、本来人間の能力を高めるはずの情報が、管理強化の道具に堕する危険さえあります。

本末転倒です。

マネジメントと管理の違いを見るうえで、最も重要なポイントとして、マネジメントとは、強みに着目し、働きかけ、強みをてこに最大の成果を上げさせる点に眼目がある。強みは人の中にあります。マネジメントに伴う方法やコンセプトは無数にありますが、人の強みを中心に見る点において変わるところはありません。

強みを第一に見るかどうかが、マネジメントと管理を決定的に分けている。

ドラッカーに学ぶ方が「人」についてのヒントがたくさんあることに驚きを覚えるのは当然です。「人こそ資源」とはしばしば聞くフレーズですが、本当の意味で人を生かすとは何かを根底から考えることを迫るからです。

人は人生のかけがえのない命の時間を差し出しているのです。「お給料を出して雇用を生んでいるのだから、うちの会社は世の中に貢献しているな」と見ているならば、あまりにも傲慢です。

「人を生かしているでしょうか？」

「本当に一人ひとりをかけがえのない個と見なしているでしょうか？」

「本当に人を資産と見て、敬意を払っているでしょうか？」

「本当にその仕事は人の最高の部分を引き出しているでしょうか？」


一つエピソードを紹介しましょう。

同様の観点から経営を行って成功した人に、ドラッカーのニューヨーク大学時代の教え子のポール・オニールがいます。後に世界的なアルミニウム精錬会社アルコアのＣＥＯになった人です。

マッキンゼー出身の作家エリザベス・イーダスハイムが、晩年のドラッカーについての本を執筆する中で、オニールに取材しています。「ニューヨーク大学大学院時代の授業で最も印象に残っ

ポール・オニール（1935～2020年）
アメリカの政治家、実業家、経済評論家。1987年、アルミニウムメーカー大手のアルコア社に会長兼最高経営責任者として就任、この間アルコア社の収入は15億ドルから230億ドルまで増加し、世界最大のアルミニウム企業へと成長させた。ジョージ・W・ブッシュ政権で第72代財務長官を務めた。

Q お客さんは、本当はうちの何を買ってくださっているのだろう？

「あなたは会社で敬意を払われていますか？」
「あなたが仕事上の能力を高めようとして何かを学びたいと考えたとき、会社は応援してくれますか？」
「あなたが会社に貢献していることを会社は知っていますか？」

ていることは何でしょうか」と聞いたところ、オニールは手帳に挟んだ古いメモ書きを見せます。

メモ書きには、板書を筆写した三つの問いがありました（上図）。

ドラッカーは三つを黒板に書いてから学生たちに向き直り、「三つの問いを社員に問いかけ、何割の社員がイエスと答えるかで、その会社がいかほどのものかがわかる」と話したという。

オニールはメモ書きをいつも手帳に挟んで、折に触れて思い出しながら経営を行います。

一番目の「あなたは会社で敬意を払われていますか？」。もし全員が「もちろん敬意を払われています」と答える会社だったら、その会社は文句なしに素晴らしい会社です。

二番目の「仕事のために勉強したいと社員が言ったら会社は応援してくれますか？」。専門学校、大学、大学院、昨今では副業などもこれにあたるでしょう。自分の能力を高めたいと言う人には、「残業していたら授業に遅れるぞ」といって送り出してくれる。応援してくれる。こんな会社が良い会社でないはずがない。

三番目の「あなたが会社に貢献していることを会社は知っています

か？」。実際に貢献していることを誰もがきちんと知っている。関心を払っている。

「人を大切にする」とはこういうことです。マネジメントの幹はそこにある。

良い例の一つに、アルコアの労災ゼロ宣言がありました。アルミニウム精錬会社は労災が頻発する職場でした。その中で、オニールはCEOに就任するや労災ゼロを公に宣言しています。同社の労災発生率はその時点で他社と比較してかなり低かったのですが、「社会から預かった大切な人を仕事が原因で怪我をさせるわけにはいかない」と考え、公約に踏み切ったのでした。

当時オニールは五一歳、アルコア就任のあいさつでは次のように述べています。

「私は社員の安全についてお話をしたい。毎年、多くのアルコア社員が業務中の怪我のために仕事を休んでいます。わが社の安全基準は一般的なアメリカの企業に比べれば良いほうです。わが社の社員が時に八〇〇度以上の高温の金属や、腕を切断しかねない機械を扱っていることを考えれば上出来かもしれません。しかしまだじゅうぶんではない。私はアルコアをアメリカ一安全な会社にするつもりです。**目標は事故ゼロです**」

その場にいた投資家たちは、資本比率や株価など業績について触れることのない新CEOに

あなたが仕事上の能力を高めようとして何かを学びたいと考えたとき、会社は応援してくれますか？

困惑を覚えたといわれています。しかし、オニールがスピーチを行って一年もたたないうちに、アルコアは記録的な利益をあげています。

二〇〇〇年にオニールが引退する頃には、アルコアの年間収益は就任時の五倍となり、時価総額は二七〇億ドルに達していました。急成長とともに、アルコアは世界でも屈指の安全な会社になっていました。オニール就任前は、どの工場でも週に一度は事故があったところが、安全計画が実行に移されると、いくつかの工場では事故による欠勤ゼロという記録が何年も続き、社員が怪我をする比率は全米平均の二〇分の一にまで減少しています（C・デュヒッグ／渡会圭子訳『習慣の力〔新版〕』早川書房）。

人を大切にすることと業績との間にどのような因果関係があるのでしょうか。わかりません。ドラッカーは「ただそのようなことが起こった事実だけで十分だ」とイーダスハイムに述べたそうです。

③社会的責任を果たす

ＣＳＲ（企業の社会的責任）が注目される数十年も前の『現代の経営』（一九五四年）の結論として、ドラッカーは企業の社会的責任を指摘しています。

まず社会を害さない、悪さをしないことです。工場を建設して多くの地元の方々を雇用できたのに、周辺に朝夕の通勤に伴う大渋滞を起こしてしまったり、有害物質で近隣の川を汚染してしまったりといったことは起こりうることです。なおさら社会に与えるインパクトは最小、できればゼロにしなければなりません。

社会的責任について、古代ギリシャの医師**ヒポクラテス**の職業倫理の誓文を用いてドラッカーは説明しています。「ヒポクラテスの誓い」です。古今を通して医師のモラルの最高指針とされています。ヒポクラテスの誓いは、古代ギリシャの神々への宣誓の形式をとっており、現在にいたるまで生きて働いています。「私は能力と判断の限り、患者に利すると思う治療法を選択し、害と知る方法を決して選択しない」と書かれています。

誓いには、医療行為によって患者を傷つけてはならない、患者に伴う情報を人に漏らしてはならない、身分や貧富によって診察を拒んではならないし、診察内容を変えてはならないなど現代でも十分に通じる職業倫理がいきいきと表現されています。

「知りながら害をなすな」Do No Harm、英語ではたった三ワードですっきりと本質は表されます。良いことをする前に、とにかく害さない。

治療を求めて来院した患者を、来たときよりも悪い状態で帰すなど、医療者の責任としてあってはならないことです。

ヒポクラテス（BC460〜BC370年）
古代ギリシャの医者。医師の倫理性と客観性について「誓い」と題した文章が全集に収められ、現在でも「ヒポクラテスの誓い」として受け継がれている。病気は４種類の体液の混合に変調が生じたときに起こるという四体液説を唱えた。西洋医学に大きな影響を与えたことから、ヒポクラテスは「医学の父」、「医聖」、「疫学の祖」などと呼ばれる。

人を目的として見る

社会生態学について少しふれました。「すべてを命あるものとして、ありのままに見る」。それが社会生態学です。

「ありのままに見る？　どう見ればいいのだろう」

「ありのままに見る」とは目的として見ることです。

何かの「手段」として見てはいけない。哲学者カントは言います。「人を何らかの目的の手段と見てはならない。人はそれ自体を目的と見なければならない」。

科学や論理の世界で問題となるのは量です。あるいは数字です。ところが、人間を取り巻く現実の世界——知覚の世界と呼びます——、色や音などを本当に知りたいと思うならば、質の体験をしなければなりません。

ベートーヴェンの交響楽の豊かさを知ることは、繊細に耳を傾けることによってしかできません。

音符の量だけで音楽の価値を測るのだと誰かが言ったら、誰もが

イマヌエル・カント（1724〜1804年）
プロイセン王国（ドイツ）の哲学者、ケーニヒスベルク大学の哲学教授。『純粋理性批判』、『実践理性批判』、『判断力批判』の三批判書を発表し、批判哲学を提唱して、認識論における転回をもたらした。

愚かと思うに違いありません。

何かに仕える手段ではなく、存在自体が目的なのだという前提で見なければ質的に知ることにはならないのです。

ドラッカーが嫌ったナチスは、人を国家社会のための手段として捉えていました。

国家社会の進歩にとって敵と見なせば、もはや目的として見る必要がない。

強制収容所で殺戮して灰にしてしまってなんら問題ない。その思考に一直線に行けたのです。

ところが、生命に関するものは一つの例外もなく、それ自体を目的として見なければ意味がない。

私たちはうっかりするとこの当たり前を忘れます。

すべてを合理的に説明できる「楽さ」にとらわれてしまう。

あげくの果てには、あろうことかロジカルな世界、量的把握の容易な世界のほうに、ビジネスや人生を近づけようとしてしまう。

部下を自分の出世の道具としていないか。

客を儲けの道具にしていないか。

取引先をコストカットの道具にしていないか。

現代では、どんな職業でもDo No Harmの妥当する場面に事欠きません。プロとしての個の責任はヒポクラテス的には重くなっていく。ものをつくれば音が出ます。しかし、騒音を出すために製品をつくっているわけではない。だったら、騒音を出さないようにする。化学産業だったら煙や異臭もある。けれども、煙や異臭を出したくて事業をする人など一人もいません。そうならば、煙や異臭を出さないように最大限務めるのは社会的な責任です。社会に負のインパクトを与えないようにすることです。

もう一つ、社会問題の解決です。環境問題や高齢問題など、世の中の問題に対して、自社の得意技をもって問題解決に役立たせてほしい。コロナ以降は、働き方改革や三密回避のために、ウェブ会議システムやネットスーパーが得意技を生かしています。

その実現は簡単だとドラッカーは言います。本当の社会的責任の中核がどこにあるかといえば、本業にあるのです。本業で世の中に貢献する。目線の問題です。いくら社会の問題を論じてみたとしても、会社が倒産してしまっては貢献することもできません。そうならば、本業を中核にどんどん機会を創り出し、問題を解決していく。ドラッカーの言う社会的責任に大仰なものは何もないのです。ただインパクトと目線の問題、それだけなのです。

三つの役割についてお話ししましたが、先に進む前に、お伝えしたいことがあります。三つの役割は考えるだけでは欠陥品、よくて半製品にほかならない。どういうことかというと、言うだけで済んでしまう。口先だけで終わってしまう。

「わが社は顧客を大事にしています」「従業員を宝と考えています」「世界の人々の笑顔のために日々努力しています」、いずれも言葉だけです。

事実アメリカ発の経営観では、美しい理念を掲げながらも、その前に利益をあげなければならないから、株主のために株価を上げる尺度をもってこようということで、株主価値優位の経営が推進されてきた経緯があります。

しかし、ドラッカーはそれを断固拒否しています。企業は社会と働く人たちのためのものだ。株主を儲けさせるために一生懸命働く営業パーソンや技術者などいないのです。ただ株を保有するだけでどこからやってきたのかわからない人たちに会社のハンドルを握られる不自然を早くから指摘していました。

昨今では、企業が株主のためにあるという考えに批判的な風潮は広がりつつあります。ただし、株主のために経営するわけではないとしても、何らかの尺度は必要です。たとえば、「素敵な人」の基準や条件を考えてみてください。たくさんありますね。思いやりがあるとか、清潔感がある、言葉遣いが丁寧、紳士的、たくましいなどなど、総合的に判断するうえでの尺度がある。そうならば、企業にも同様の総合的な尺度があるはずとドラッカーは見ます。「良い会社」の条件は何か。一つではない。しかし、確実に言えることは、「何のために存在しているか?」との問いを中心にもつ点です。

そこに利益という一つの尺度をもってくるから、おかしな話になってくる。利益をあげるために、顧客サービスを削ったり、悪くすれば貢献してくれた社員や契約、パート、派遣社員を一律で解雇したりする。ものすごく危険です。利益をたった一つの目的にもってくるとほかのだいじな要因が見えなくなってくるからです。

経営者は十分過ぎるほど配慮する必要があります。経営者が金儲けを第一の目的にすれば、社員はその意向を受けて、「日々がんばって金儲けしなければ」と考えるようになります。必ずなります。私はかつてある人が利益至上主義に毒された前職で、「客が警察を呼ぶくらい強引に売り込んでやっと一人前だ」と上司に言われ、本当に警察を呼ばれたのをほめられたという異常な話を聞いたことがあります。

そんな危険な会社と誰が進んで付き合うのでしょうか。

「良い会社」の条件――目標から始まる

根と幹の「急所」を見てきました。いずれもが、樹の成長にとって大きな影響をもつポイントです。次に見るべきは、急所に働きかけるための方法です。

ドラッカーが強調したのは、「成果を見据えよ」でした。成果とは、「何を実現したいのか、実現すべきか」、すなわち「何（What）」の問いにかかわります。

言い換えれば、自社に対して、何を得たいと期待するかを事前に書きとめておかなければなりません。

自らに期待する成果を「目標」(objectives)と言います。「対象を見定めて、そこに向けて投げる」という意味です。ちょうどキャッチャーの構えるミットをめがけて投球するようにです。

ミットをめがけてボールを投げて初めて、ゲームが始まるのです。目標こそが現実です。反対に言えば、どんなによくできていたとしても、目標に落とし込まれていないものは幻か夢ということになります。

目標とは「目」の働き、すなわち何を見ているかを問うものです。

マネジメントを実践するときには、目標を考え、行動する。ミットに狙いを定めるのです。

一方で、自身に期待する成果がわからない状態だとしたらどうか。どこがストライクゾーンなのか、どこにめがけて投げるのかがわからないのでは話になりません。残念ながら、ある朝起きてみたら、長年願っていたすべてが実現していたなどという夢のようなことは起こりません。

目標は事業を大きく育てていくうえで、死活的に重要です。ドラッカーがマネジメントについて述べるとき、例外なく目標について言及しています。『現代の経営』において、目標を使

私が実現すべき成果は何だろう?

った成果へのアプローチを、**目標管理**という実にパワフルな方法として示しました。正式名称は、Management by Objectives and Self-Controlです。目標と自己統制によってマネジメントする。目標というツールを上手に使って、自らを成長させ展開し、生かし切るための方法です。

目標管理はどこの企業でも採り入れられています。しかし、目標管理ほど嫌われ、また誤解されているものもない。私自身、目標管理が好きで仕方がないという人には会ったことがありません。

目標の見方に原因があります。

目標は「何を見るべきか」にかかわる問いなのです。目標が問いの一種であることを知らないと、確実に硬直化していきます。

問いを投げかけて、それに向けて行動をとり、適切かどうかを判定するのです。

目標なしでマネジメントするのは、地図もないのに登山に行くのに等しい、救いがたい愚挙でしょう。山頂を目指す中で、急に雨に降られたり、沢の崩落があったら、その都度、最適なルートを見直すためにも、目標はなくてはなりません。

『現代の経営』

ドラッカーによる1954年の著作。企業の機能はマーケティングとイノベーションにあるとし、経営の本質を明示することによって、世界中の経営者に巨大な影響を与えている。産業社会において企業が社会の行方を左右する「中心的機関」ともとらえている。

「自分は今、この目標との関係で、どこにいるのだろう?」
「そして、目標地点に到達するためには、どのルートをどれくらいのペースで進んでいく必要があるのだろう?」
「現時点でどのような手を打つ必要があるのだろう?」
というふうに自己内対話を繰り返す中で、自身に期待する成果の実像が見えてくる。
目標は問いなのです。

野心的な目標が樹を成長させる

「未来を知るための最も簡単な方法は、自分で未来を創ることだ」とドラッカーは述べていました。

目標は野心的なものでなければなりません。自分の実力からして格下の山では意味がありません。どこまでも、野心的に、高みを目指していかなければ取り組む意味がない。

野心的とは、どのようなものか。ありのままの心の奥底から湧き上がるような望みです。お仕着せの目標や夢ではなく、自分の内面から湧出するものに着目する。

野心的な目標を掲げながらも、手持ちの道具を使って、一歩一歩小さく前に進んでいく。

数千メートル級の山を克服することを登攀(とうはん)と言います。いかにも達成感のありそうな語感ではないでしょうか。登攀に値するだけの目標を立てたとき、現在と目標とのギャップがはっきりと見えてきて、目標にふさわしい意志の力がみなぎってきます。

まずは手帳などに書き出してみることです。そして、じっくりと眺めてみましょう。こんな原始的な方法を侮ってはいけません。

「この半年で、新規の顧客を三件獲得し、いずれの顧客からも見込み客の紹介を得る」という目標を立てたとしましょう。

目標を生活の中に組み入れることによって、何をすべきなのかをクールに見定め、そのための選択肢やルートが意識されてきます。「いつまでに、何を、どのようにして達成したいのか」。問いが次々と湧き上がってくるはずです。新しい問いがどんどん誘発される目標ほど野心的な目標と言ってよいでしょう。

八つの急所

さて、目標を立てることについてお話ししてきました。次に急所に働きかけるために、目標をどう活用するかに話を移していきましょう。

もう一度マネジメントの樹をご覧いただきたいのですが、三つの役割による幹から、大小の枝が伸び、葉が茂っています。八つ、すなわち、1マーケティング、2イノベーション、3生産性、経営資源（4人材、5物的資源、6資金）、7社会的責任、8利益のそれぞれの枝や葉を豊かに繁茂させていくことが、樹全体の健康な成長にとっての急所です。

ドラッカーの本を手にした方から聞かれる言い回しに、「うちの会社のことを言っているようだ」というものがあります。「どうしてうちの会社の問題がこんなによくわかるのだろう」という方もいます。

理由は簡単です。

マネジメントにかかわるものなら、共通して見られる枠組みがあるからです。パターンと言い換えてもいい。

二宮尊徳は一葉の草の中に宇宙万般の原理が表れていると述べました。「一草をもって万理を究める」と尊徳は述べましたが、ドラッカーのマネジメントにおいても、見方は同様です。尊徳にとって、農地は人心がそのまま表現された場でした。すべてが生き物ですので、生存条件は繊細です。わずかな手違いが農地をだめにしてしまう。

「急所」に目をとめる意味はそこにあります。

マネジメントに見られるプリンシプルは、知っておくとあれにもこれにも使える便利な見方です。原理はすべて同じだからです。会社だけで

二宮尊徳（1787〜1856年）
江戸末期の篤農家、思想家。605もの町村を復興し、殖産の方法を説いた。尊徳を模範とする報徳運動は後まで日本社会で影響力をもった。

Q 私たちはいつまでに、何を、どのように達成したいのか？

なく、病院、大学、教会、NPO、政府など、いずれにおいても、枠組みは同じであるために、導き出される問いと助言は共通の有効性を伴うのです。

ドラッカーは『マネジメント――課題・責任・実践』(一九七三年)の中で、**「企業と他の組織との違いは、使命すなわち果たすべき成果の違いにある」**と述べています。企業とは経済的な成果をもって社会に貢献する機関です。病院は医療や健康、大学は教育や研究、教会は信仰やコミュニティなど、より多様な社会的使命をもっているというだけのことです。

しかも、企業が経済的な成果を使命としてもつことは、利益だけ追求していれば何をしても許されることを意味しません。利益とは企業の活動や意思決定にとって原因や結果ではなく、明日の活動を可能にする条件であり、今日の活動の妥当性を判定する基準です。

マネジメントの樹の八つの枝葉に寄り添って目標を立てていくことで、全体を成長させていき、ふだん無意識に沈んでいる問いを意識に浮かび上がらせる。それが八つの目標のねらいです。

意識できればしめたもの。目標にいたるアプローチを自在に変えたり、あるいは時代に合わなくなったときに、問い直し、修正し、廃棄するなど、建設的な議論の対象とできるからです。

言うまでもなく、八つの目標は、マネジメントの樹の根にあたる「人と社会」、幹である①自らの組織に特有の使命を果たす、②仕事を通じて働く人を生かす、③社会的責任を果たす、との関係において、しっかりと考え抜かれる必要があります。

では、次に八つの枝葉についてそれぞれ見ていくことにいたしましょう。ご自身の会社や団体などの状況を念頭に置きながら――。

二大急所――マーケティングとイノベーション

今一度40頁にあるマネジメントの樹を眺めてみてください。幹から枝、葉を豊かにしていくための急所が示されています。

働きかけていくのにも、順番があります。つまり、よく目をとめて観察すべき点から優先的に着手していく。繰り返しになりますが、スピードがかまびすしく言われる昨今、拙速を避け、しっかりと考え抜いて、大局観をもって臨む。それがドラッカーの推奨するところです。くれぐれも生き物相手であることを忘れないようにしたいものです。基本となる問いがわからないままに、たまたま目についたところに場当たり的に働きかけてしまうと、結果として樹にとって致命傷をもたらすことにもなりかねません。対症療法はキャンペーンと同様に結局高くつくばかりでなく、マネジメント的な発想とは相いれないと知るべきです。

まず二大急所ともいえる、マーケティングとイノベーションです。マーケティングとイノベーションこそが、根をなす「人と社会」そして、三つの役割、①自らの組織に特有の使命を果たす、②仕事を通じて働く人を生かす、③社会的責任を果たす、の三つの問いを社会との関係でダイレクトに表現するからです。

反対に言えば、どんなに立派なミッションや理念をかかげても、マーケティングとイノベーションが機能しなければ、ただの言葉で終わってしまいます。

まずはマーケティングからご説明していくことにしましょう。

1 マーケティングの見方

顧客の創造

マーケティングはマネジメントの中心にあるアプローチです。その本質は「**顧客の創造**」に尽きます。『現代の経営』においても、事業の目的は顧客の創造にあると断言されています。

では、良い会社は何をしているか。

顧客を第一に見ている。

顧客が中心です。顧客をつくることが事業の目的なのですから、視点は顧客中心でなければ嘘です。

顧客の創造は、ドラッカーに学ぶ企業経営者にとってとりわけ人気のあるコンセプトです。

とくに企業経営とはむずかしいかじ取りを要求されることが多い。迷ったときなどに、「待てよ、私は何のために事業をしているのだろう？」「そうだ、顧客の創造のためだったのだ！」と繰り返し原点に立ち返ることを促してくれる。それが、マーケティングのコンセプトなのです。

もう一つ、マーケティングによって促されるのは、「社外に目を向けよ。視点を内から外に」です。

経営者に限らず、組織人は、わかってはいても内向きになるリスクを抱えています。自分のつくりたい製品をつくろうとしたり、内部の部署調整を目的と錯覚したりします。けれども、本当に大事にすべき人たちはどこにいるのか。

顧客はどこにいるのか？

つまり、問いなのです。

ドラッカーが強調するのは、正しい答えよりも、正しい問いです。問いの力が、商品とサービスを進化させ、顧客の真の要望を探り当てるコンパスになるのです。私たちは商品が売れなかったり、何かうまくいかないことがあると、すぐに答えを探そうとします。「あれはうちの顧客には早過ぎた」とか「○○のせいでこうなった」などなど。そうなると、すぐに「環境が

外の世界では何が起こっているだろうか？

悪かった」「あの人の対応が不適切だった」など、不毛な他責文化へと一直線です。

問題は答えがないことではありません。問いがないことなのです。

おそらくドラッカーなら次のように問うでしょう。

「顧客のクレームは本当はどんなメッセージなのか？」

「何を教えてくれているのだろうか？」

「私たちの未来の顧客はどこにいるのだろうか？」

顧客は社内にはいません。**顧客がいるのは、会社の外です。**顧客を創造するためには、会社から出て、顧客の声に耳を傾けて、望むものを知る必要がある。

一般的には、マーケティングというと、販売活動やＰＲ、プロモーション活動と理解されるでしょう。しかし、ドラッカーは、マーケティングと販売活動は正反対であり重なるところさえないと言います。マーケティングが正しく行われれば販売活動は不要になるとさえ述べています。

どのような意味でしょうか。

販売活動は自社が売りたいと思っている商品やサービスを中心に置いているからです。視点の中心が「自社」にあるのです。最初から自社を人と社会の中心に置いている。オープンな問いがない。あるのは自社の製品という答えだけです。「世の中が求めているかはわからないけれど、わが社としてはこの商品を売りたいのだ」などと言われたら、顧客はどう感じるか。

私が鞄を買うのは鞄メーカーを儲けさせるためなのでしょうか。
対して、マーケティングにはオープンな問いがあるのです。自社が売りたいものではなく、「顧客」に視点の中心を置きます。顧客を中心にすれば、カメラワークは自ずと異なるものになります。顧客が求めるものを実現するために、「何をどのようにすればよいか？」を考え抜いていく。顧客の現実にどこまで肉迫できるかにかかっている。

ドラッカーに学んで耳鼻科クリニックを経営する医師の内藤孝司氏の語ることに耳を傾けましょう（内藤孝司・梅岡比俊『グレートクリニックをつくろう！』中外医学社）。耳鼻科クリニックの患者の多くは子供です。いかにして子供や若い母親のニーズを満たすか。同時に付き添いの親に理解を促すかなどについて、現実の摩擦の中から声を聴き、最終的には、「患者さんはみな正しいと考えるべきです」と内藤氏は述べています。

マーケティングは実に「痛い」。

顧客の無理解を責めるなど、マーケティング的に見れば自殺行為です。「顧客がいけない」「顧客が悪い」などといった他責的な姿勢ほどマーケティングから遠いものはないからです。

反対に、マーケティングの見方によれば、「自分が顧客の立場だったらどう見るだろうか？

待てよ、私たちは何のために事業をしているのだろう？

きっと同じようにふるまうに違いない」と見るでしょう。ドラッカーは企業が売っているつもりのものを顧客が買っていることは稀であるとも述べています。売り手と買い手では見えている世界が違うのです。

内藤氏は耳鼻科クリニックを実際に経営してみた結果、次のように述べています。

「悪評はツイッターなどのSNSを介してあっという間に伝播していくことになる」

「診察室での会話は七〇%が忘れられてしまう」

実践に展開するうえでも、数えきれないくらいの葛藤があります。内藤氏は、子供や若い母親の声を聴いた結果次のような実践を行い、一定の成果を得たと言います。

「子供専用の大型キッズルームを作りました。このコーナーは開院当初から設置してあるのですが、参考にしたのはショッピングモール内の子供専用の遊び場です」

顧客の行動を無理解や無知に帰するのではなく、顧客側の視点で自らを問い直していく。マーケティングにおける腕の見せどころです。

『傍観者の時代』

ドラッカーによる1979年の著作。「半自伝」ともされ、第一次大戦、世界恐慌、第二次大戦へと続く20世紀前半の激動の時代を体験的に描写している。ドラッカー自身が「ついに私が書きたくて書いた本」だったと語った著作でもある。

「客が合理的でないと思ったら、外へ出て、外から、客の眼で店と商品を見てみることだ。客のほうが合理的だということが、すぐわかるはずだ。彼らの世界は、こちらの世界とは違うんだ」(『傍観者の時代』)

自社の内部にあって、世界は合理的です。それは日常的理性の通用する世界です。しかし、顧客の世界は違うのです。それは不可思議な世界です。そこでは非合理的なこと、不思議なことが毎日のように起こるのです。

マーケティングの樹

「マーケティングの樹」をもとに、急所を確認していくことにしましょう。

世界には、『マネジメント』を読んで感激し、相談に乗ってほしいと手紙を書き、ドラッカーの影響のもとにエクセレント・カンパニーをつくり上げたという人たちがいます。

一例が証券会社エドワード・ジョーンズ社です。同社のトップだったジョン・バックマンは『マネジメント』を読んでドラッカーに手紙を書いています。「全社をあげて心酔しており、コンサルティングをお願いしたい。ドラッカーの『マネジメント』に出合った。社内の皆が、これが目指す会社だといった。社員の強みを引き出す会社にしたかった」とバックマンはエリザベス・イーダスハイムに語っています。

同社は、幸運にもドラッカーに相談に乗ってもらい、「お金を増やすためにやってくる人を相手にしてはいけない」という助言を得ています。

エドワード・ジョーンズ社は証券会社です。常識で見ると理不尽です。証券会社の顧客は資産をうまく運用して儲けたいと考えて当然です。そんな人を相手にしてはいけないというのは、証券会社としての仕事を放棄しろと言っているようにも聞こえる。

しかし、改めて証券会社の存在意義に立ち戻って見てみると、ドラッカーの言うことに十分な理のあることがわかります。私たちの多くは「証券会社＝資金をうまく運用して儲けさせてくれる会社」と思いがちですが、本来の証券会社は、お金がある程度貯まって運用したいと考える一般のお客さんと、資金を必要とする企業を繋ぐパイプ役を果たすためにも存在するのです。

証券会社の役割は、世の中が必要とする「サービス」の提供にあり、儲けさせることが目的であってはならない。「儲けるためにやってくるお客を相手にするな」――と言ったドラッカーの真意はそこにありました。同社は、ドラッカーの言葉を素直に実践します。怪しげな金融商品は一切扱わないと決め、お客さんに投資先を相談された際、表向きは華やかであっても内容が空疎な企業の株は絶対に勧めないようにした。そのような株や債券を含んだ金融商品は開発しないことにしました。

結果、エドワード・ジョーンズ証券は、全米で最大の店舗数と信用を誇る証券会社に成長し、働きたい会社ベスト10に毎年ランキングされる超優良企業になっています。

ドラッカー研究者の上田惇生氏はこの逸話をことのほか気に入っており、「心がきれいになるような素敵な話」としてよく紹介していました。

次のマーケティングの樹は、筆者が上田惇生氏とともに試行錯誤しつつ作成したものです。まっとうな社会をつくっていくためのマーケティングの方法を示しています。

①命あるものとして全体を見よ。しかも緻密に

行動観察で著名な松波晴人氏（大阪ガス行動科学研究所所長）は「現場に弟子入りする」と表現し、次のように述べています。「成果を生み出そうと考えているのであれば、まずは『場』に足を運んで観察すべきである。なぜなら、本質は『場』に、そして場における

顧客のクレームは本当はどんなメッセージなのか？
何を教えてくれているのだろうか？

上田惇生（1938〜2019年）
経団連に入局し、国際経済部、広報部、経済広報センター常務理事などを歴任する傍ら、ドラッカーの翻訳・編集者としても知られる。ものつくり大学教授などを経て、ドラッカーの全著作を翻訳。その間ドラッカー学会を設立。

『人間行動』に存在しているからだ」（松波晴人『「行動観察」の基本』ダイヤモンド社）

社会はさまざまなつながりでできています。

まず顧客を徹底的に観察して、どのような行動をとっているかを見てみるのです。観察してみてから、「顧客に影響を与えているものは？」「望んでいるものは？」「邪魔になっているものは？」など気になることを緻密に問うていくのです。

②他者が「見る」ものを聞く

うっかりすると、自分に見えていること、知っていることをすべてと錯覚します。しかし、見えていないものなど星の数ほどもあります。見えているところから働きかけを行ってしまうと、結局「キャンペーンによるマネジメント」の落とし穴にはまることになります。

マーケティングに限らず、マネジメントのアプローチ全般では、世の中は生態系であり、「何が何につながっているかはわからない」と見ます。むしろわからないことを資産と見るべきです。

一歩引いて全体を見てみる。他者は自分とは違う現実を見ているという当たり前の事実にはたと気づくことになる。

ならば別の場所にいる他者に聞いてみることで、自分に見えていない現実が見つかる確率は飛躍的に高くなるのは自然でしょう。とくに顧客に対して「何が見えていますか？」と聞くとき最高の効力を発揮します。たいていは想像もしていなかった答えが返ってくる。

マーケティングの樹

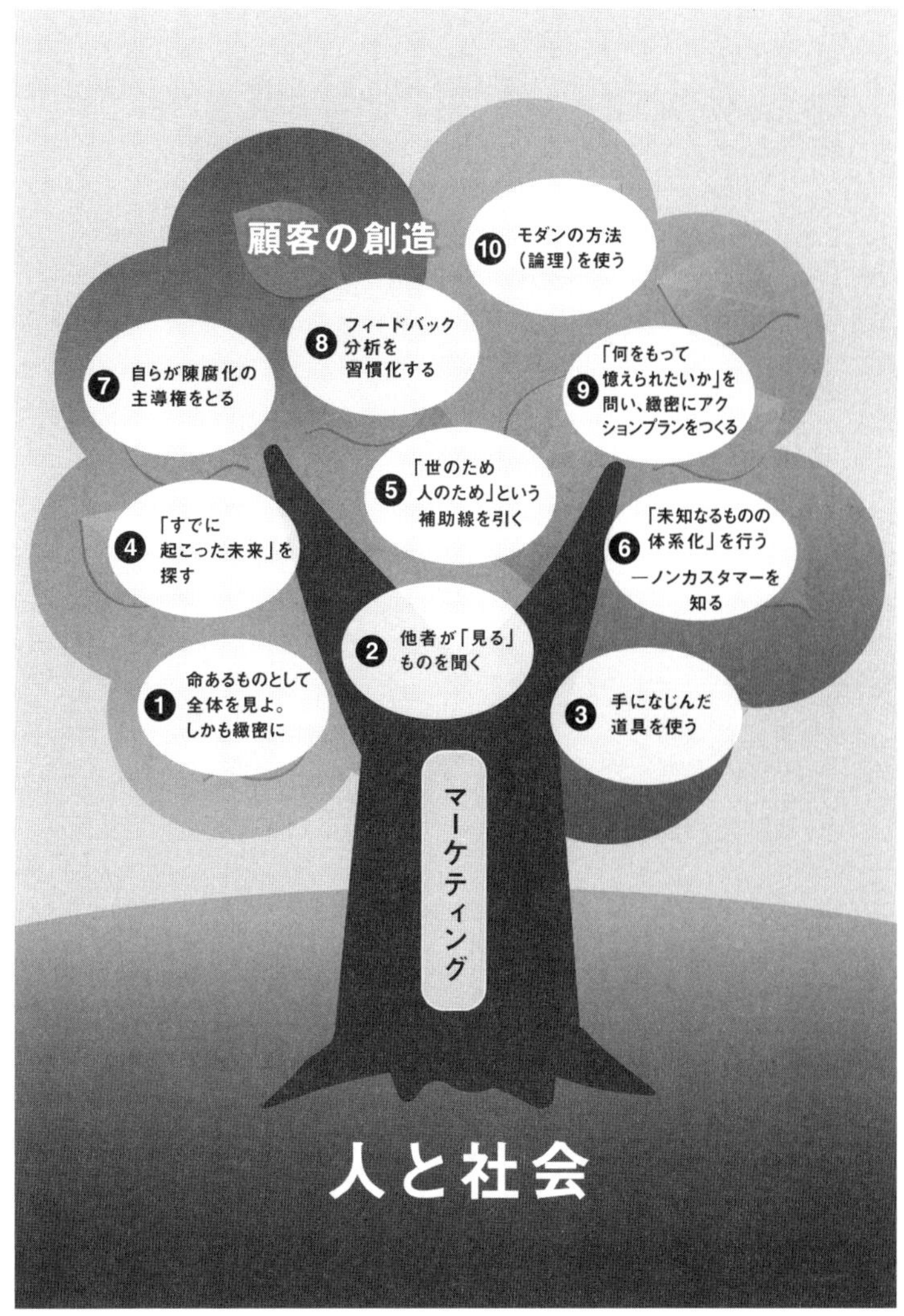
顧客の創造
⑩ モダンの方法（論理）を使う
⑧ フィードバック分析を習慣化する
⑦ 自らが陳腐化の主導権をとる
⑨「何をもって憶えられたいか」を問い、緻密にアクションプランをつくる
⑤「世のため人のため」という補助線を引く
④「すでに起こった未来」を探す
⑥「未知なるものの体系化」を行う
—ノンカスタマーを知る
② 他者が「見る」ものを聞く
① 命あるものとして全体を見よ。しかも緻密に
③ 手になじんだ道具を使う
マーケティング
人と社会

コカ・コーラの歴史は一三〇年以上あるといわれますが、驚くべきことに商品自体は大きく変化していません。しかし、売り方は千変万化、無限に変化し続けています。理由は、顧客が異なるためです。

日本市場への対応などわかりやすいでしょう。優れたグローバル企業なら、それぞれの市場のもつ独自の文化や伝統を無視することはしません。同じ事実が文化によって異なる現実を呼び起こすことを知っているからです。ディズニーはアメリカ発であっても、日本のディズニーランドには本家にない独自の工夫が無数に凝らされています。

コカ・コーラも同様で、日本発の商品、日本発のＰＲ、アイデアが実にたくさん出ています。爽健美茶のネーミング、デザイン、ＣＭ、自動販売機等の変革、チーム編成まで、もはや文化への適応というよりは、文化の創造と言ってよい。すべて「違う現実」を価値に転換した結果なのです。

要はわからないことばかりなのだから、まず見る。見るということは、自分の視点からしか見ていないということなのだから、別のところにいる人に聞いてみるのです。

③手になじんだ道具を使う

わからないことばかりの世界において、相対的に信頼に足るものはないか。それは私たちが使用に習熟している道具です。手になじんだ道具を使うことで、エネルギーの損失を抑えることができます。大事なのに、あまり指摘されないことかもしれません。

右利きで、右手を使って成果をあげてきた人が、ある日から急に左手を使わなければならなくなったら、途方に暮れてしまいます。

何より手になじんだ道具は何かを知らなければ、成果はおぼつきません。手になじんだ道具とは、自分のスタイルや価値観なども含まれます。人の方法を一夜漬けでまねてもうまくいくはずがない。

野球選手でも、作家でも、バットやペンの中には人の個性を発揮させる潜在力が具現されているのです。手になじんだ道具が、成果に対するエネルギーの出力を促進するのです。自分の使いやすい道具で、手になじんだ方法で成果をあげることです。

④「すでに起こった未来」を探す

「すでに起こった未来」はマーケティングの真髄といってよい見方です。自分がコミットしたいフィールドで、すでに起こった未来はないかを見てみるのです。

ドラッカーは、未来について確実に言えることは二つしかないと言います。一つは、「未来はわからない」、もう一つは、「未来は現在とは違う」。

しかし、わかる未来も二つある。一つは、「すでに起こった未来を見る」ことです。現在起こっていることの先に未来があるわけですから、今をしっかりと見る。もう一つは、「自分でつくること」。今何かを始めれば確実に未来は違うものになるからです。

わかりやすい例が人口です。人口はほとんど外れることのない、社会的指標としてはめずらしい「すでに起こった未来」の一つです。筆者は団塊ジュニア世代で、同世代が二〇〇万人以上いたのですが、一九九〇年代の時点で、二〇年後には大変な若年人口減少社会がやってくることは予測されていました。

男女・年齢の別は人為的には制御できません。人は一年たてば一歳年を取ります。戦争や疫病でも起こらない限り、構造は比較的安定しています。下手な景気や経済の統計を見るよりもはるかに役に立つ指標です。

一九六三年の国連世界人口推計は、二〇〇〇年の世界人口を六一億二九七三万人と予測しましたが、現実の同年の人口は六一億二四一二万人、誤差はわずかに〇・〇九%でした。驚くべき精度です。

にもかかわらず、「市場動向のうち、もっとも重要なものが人口構造の変化である。だが、注意を払っている企業はほとんどない」とドラッカーは付言しています。

現在、日本をはじめとする先進国では、少子高齢化は進行中です。けれども、少子高齢化が起こることは数十年前から人口統計では常識とされてきました。

高齢化が進むと、高齢者の福祉や消費ニーズなどが大規模に表れて、社会構造も変化していきます。やがて政治や政策、ルールまでが変わっていきます。

⑤「世のため人のため」という補助線を引く

「世のため人のため」。「人と社会への貢献」をわかりやすく言い換えたものです。マネジメント最大のプリンシプルです。

「経営の目的は何か」。あまり深刻に考え過ぎると肩が凝ってしまいます。ならば、補助線として使うのがいい。どんな活動も「世のため人のため」です。頭の片隅にもっているかもっていないかで、行動は大きく違ってしまいます。世の中には、仕事は抜群にできるのに、プリンシプルをもたないがために、うっかりすると逮捕されたり、告訴されたり、下品だと内心軽蔑される人たちがたくさんいる。そのことを忘れてはなりません。目線を高くするための補助線です。

マネジメントを生み出す構造ですから、世の中がどんなに変化していったとしても、世のため人のためにならないものは存立できない。これればかりはどうにもなりません。ヨットにしても艦船にしても、海洋のもつ性質や特性に反して航海を続けることができないのと同じで、世のため人のために反するものは、いかなる意味でも、建設的であったり生産的であったりはできないのです。

「世のため人のため」になっているだろうか?

マーケティングにおける顧客創造の黄金律です。

Q それは「世のため人のため」になっているだろうか?

ゲーテに学ぶ知覚訓練法

ドラッカーはゲーテを尊敬していました。

ゲーテは形や色彩の研究者でもありました。

色彩や形態の質的な体験を対象的思考と呼んでことさら大切にしていました。

対象的思考を深めていくと、今あるものの目に見えない可能性まで予感として感じ取ることができる。

ドラッカーはゲーテに学び、対象的思考を訓練しました。

何によってでしょうか。

芸術です。日本美術や文学によってです。

ドラッカーの書斎にビジネス書はありませんでした。経営書もありませんでした。

ほとんどが芸術書、歴史書、小説でした。彼は若い学生に、マネジメントを身につけたいなら、短い小説を書いてみるよう指導していたことがあります。

芸術的感性はあらゆる対象的思考を育むうえでの格好の資源です。

ヨハン・ヴォルフガング・ゲーテ（1749〜1832年）
ドイツ生まれの作家。代表作『ファウスト』はほぼ一生をかけて完成させた作品であり、ドラッカーにも大きな影響を与えている。創作の傍ら、ワイマール公国での政治家生活など多彩な才能を発揮した。

昨今デザイン思考やアート思考が注目されています。

ドラッカーは早くから美意識もまた尺度として用いていました。

ドラッカーの友人であった上田惇生氏が語ってくれたことがあります。

今まで、論理的には非の打ちどころのない提案に対して、「美意識に反する」という理由で反対したことが何度もあったと。

美意識に添うか添わないかは、事業を行ううえでも決定的です。

ドラッカーは、クレアモント大学院大学の教授を務めているとき、どんなに多額の寄付をしてくれた事業家であっても、下品なM＆Aに手を染めているような人にはあいさつもしなかったと言います。

やはり美意識にそぐわないものとは距離を置いていたのです。

いざというとき、これほどあてになるものはないのかもしれません。

⑥「未知なるものの体系化」を行う――ノンカスタマーを知る

「未知なるものの体系化」は、「私たちは顧客を知っている」ではなく、「私たちは顧客を知らない」からのスタートを勧めるアプローチです。欠けたものを探すことです。

現在知られているものとの関係で、知られていないものが何かを探り、体系化していく。

原文では、Organizing ignorance、すなわち無知の体系化です。埋まっていないパズルの空白から、次に必要なピースを割り出していく。なぜ必要な情報がないのかを問う。さらに進んで、私は何を知るべきなのに、あるいは知っていていいはずなのに知らずにいるのかを問うのです。

世の中は果てしのない生態系ですから、あらゆる因果関係を知ることは現実的には不可能です。見えていないつながりがあったり、直接つながっているように見えないけれどだいじなつながりがあったり、今関係ないことも、後になって強い関係をもつことになる。

「今は知ることができないけれど、どこかの時点で顧客になる可能性があるのは誰か？」と問うのはそのためです。

それを**ノンカスタマー**と呼んでいます。つまり、顧客になっていない人々。どんなに高いシェアを維持していたとしても、顧客になっていない人々のほうが圧倒的に多い。「顧客になっていない人々」をも見てマーケティングを行っていくべきとドラッカーは述べています。

お酒を飲まない人に飲んでもらうノンアルコールビールや、男性用の日傘などが典型です。

⑦自らが陳腐化の主導権をとる

幸か不幸か世の中はほうっておいても変化していきます。すべてのものは、放っておけばとにかく腐敗していくのです。生き物としての宿命といってよく、逃れる方法はない。エントロピーの法則とも言います。だめになる会社とだめにならない会社と二種類あるように見えますが、何もしなければどんな会社もだめになります。エントロピーの法則に従って、だめになるのです。

衰退する会社と発展する会社の差は、陳腐化の主導をとれるかどうかの差ということです。

どれほどきらびやかで魅力的に見えたことでも、数年たてば、用をなさなくなったりトレンドに合わなくなったりします。覆水盆に返らずと言うとおり、物事の乱雑さは増大していきます。**陳腐化**と言います。結果として、あらゆるものは陳腐化を免れません。外部から陳腐化を強いられる前に、自らが陳腐化の主導権をとるようにドラッカーは助言しています。

ドラッカーはGEのジャック・ウェルチに「一位か二位になれる事業以外はやめなさい」と助言しました。

無理やり変えられてしまう前に、進んで事業を陳腐化させていく仕組みをつくる。自分の行っている事業、ビジネスモデル、製品、サービスすべては陳腐化する。出来上がったとたんに腐り始める。そう覚悟しな

エントロピーの法則
物質とエネルギーは混沌と荒廃に向かってのみ変化していくとする法則。あらゆるものが、乱雑さを逃れることはできないとされる。

Q 「顧客になっていない人々」はどんな人だろうか？

ければいけません。では、どうするか。自分の手で陳腐化させることです。新しい事業をつくっていくためには、役に立たなくなったものを捨てていく。意識的に自社の製品やサービスを廃棄していく。長期にわたって成長しようとするならば、過去の花形への固執は命取りです。

自らを陳腐化させ、過去を廃棄していくことほどむずかしいものはありません。ほとんど本能的に抵抗したくなるからです。どのような組織であってもほとんど例外はなく、新しいものは本能的な反発を受けるのが常です。

だから、一定割合を廃棄することについても、きちんと目標を立てていくことが肝要です。「廃棄すべきものはないか?」を問う。しかも何かを始める前に、「全体の三%は捨てる」などと目標を立てるのです。

古いものをシステマティックに廃棄していくことは、顧客創造にとってパワフルな方法です。空気を吸う前に吐かなければなりません。吐き切るほどに新しい空気が入ってきます。

事業も同じです。さらに良いものを求めて一歩先に行けば、他社の追撃も怖くないでしょう。

ジャック・ウェルチ(1935〜2020年)
アメリカの実業家。1981年から2001年にかけて、ゼネラル・エレクトリック(GE)社の最高経営責任者を務め、そこでの経営手腕から「伝説の経営者」と呼ばれた。ドラッカーとも懇意の関係にあった。

⑧フィードバック分析を習慣化する

フィードバック分析とは、初めて聞く言葉かもしれません。

後に詳しく述べますが、ドラッカーのフィードバック分析とは、自分自身に期待することを書きとめておき、一定期間を経た後に「できたこと」「できなかったこと」を照合し、「できたこと」にフォーカスして強化していく方法です。「できなかったこと」はどんどん廃棄されていくので、できたことだけが研ぎ澄まされていきます。結果として、強みがはっきりとわかるようになるのです。

会社でも同じです。フィードバック分析によって、他社にはうまくできないことで、自社の長(た)けていることがはっきりしてくる、すなわち、自社の強みがわかるようになる。

いずれにしても、成果は外にあります。

一つの例として「成功会議」があります。通常はうまくいかなかったことについて会議を開きますが、ここではうまくいったことについて会議の主題とします。うまくいったささやかなしかけを共有する場をつくる。ドラッカーの指摘するポイントは、前線にいる人たちが現場で見たこと、思ったことを気軽に上層部に提案できる仕組みです。

一方で、そうしたアイデアや工夫の意見を取り入れ、改善計画を立てて実行に移していくだけの仕組みが必要になります。

私たちは組織においてふと気づいてみると、重要な問い、自分たちのいる目的を忘れてしまいがちです。組織の存在意義は外側にあるはずなのに、はっと気づけば、内側を向いています。組織の内側にあるのはコストだけです。

それに対して、成功会議がうまくいくと、顧客が自社の何を買ってくれているのかも明らかになります。顧客の支持を得ている活動はどんどん強めていき、支持を得られていないことは弱めていってやがて廃棄していく。

フィードバック分析によって自社の強みがはっきりすると、すでに機能する強みを核にして、事業を有効に多角化できるようにもなります。強みの分野で組織学習が進み、優れた**企業文化**も醸成されていきます。とりわけ強みを核にした企業文化をドラッカーはことのほか重要視しており、優れた企業文化は戦略にまさるとも述べています。

⑨「何をもって憶えられたいか」を問い、緻密にアクションプランをつくる

イギリスの経営思想家チャールズ・ハンディが自伝に書いています。彼はアイルランドの牧師の息子として生まれた人ですが、父の仕事を継ぐことなく、巨大石油企業に就職し、エリート街道を歩み、やがて幹部になります。自分が選択した人生行路と比較して、父の人生はひどく地味に見えたこともあり、存命中は父をあまり評価していませんでした。ところが、父が没して間もなく執り行われた葬儀には、知らないところから多くの人々が弔問に訪れ、心から父の死を悼む姿を見て、「父の人生について自分は何も知らなかったのだ」と実感させられたと述べています。人がどんな人生を生きたかは、終わってみるまでわからないのです。

「何をもって憶えられたいか」とは、ドラッカーがギムナジウム（日本で言う中高一貫校）に在籍していた少年時代に、宗教の先生が問うたことです。自分自身に対して、「何をもって憶えられたいか」を問うことにより、自身の望みを確認するばかりでなく、その方向へ自身を導いてくれる珠玉の教えを指します。そう自身に問うことで、一挙手一投足が望む方向に向かっていくと言います。

「私が一三歳のとき、宗教の先生である牧師さんが『何をもって憶えられたいかね』と聞いた。誰も答えられなかった。すると、『答えられると思って聞いたわけではない。でも五〇になっても答えられなければ、人生を無駄に過ごしたことになるよ』といった」（『非営利組織の経営』）

ドラッカー自身はどうだったのでしょうか。

晩年にインタヴューしたエリザベス・イーダスハイムは、同様の問いをドラッカーに投げかけ、**「なすべきことをなさしめた者として憶えられたい」**との回答を得ています（『P・F・ドラッカー――理想企業を求めて』ダイヤモンド社）。

企業で言えば、人と社会からどのような企業として見てほしいかという問いにも置き換えられます。「こう見られたい」という自らへの期待は、自社の行動に対しても大きな方向付けの作用を及ぼします。紳士と見られたいと日頃から願っている人は、やがて実際に紳士的な人に育っていきます。反対に紳士にいささかの価値も見出さない人は、次第に紳士から最も遠い人になっていく。

会社も同じで、良い会社だと思われたいと心から願う会社は、良い会社になっていくのです。適当に活動していたら偶然良い会社になってしまうなどはありえません。

経営コンサルタントのジム・コリンズによるベストセラー『ビジョナリー・カンパニー』(日経BP社)の中に、「もっとも成功している企業は他者との競争に勝つことではなく、自らに勝つことを第一に考えている。『明日にはどうすれば、今日よりうまくやれるか』と厳しく問い続け、競争相手を自分自身に置いている」といったセンテンスが出てきます。

「何をもって憶えられたいか」への自社なりの回答を一つのミッションとして世の中に明言することです。CSRレポートや統合報告書を出す企業の巻頭はたいていトップによるミッションの宣言から始まっています。次にとるべきアクションプラン、とるべき行動を緻密につくっていくことで、事業活動全体として、望ましい方向へ成長していく道筋が見えてきます。

かつてある大学で、私からアジアの留学生に「何をもって憶えられたいか」を聞いたことがあります。「母国に鉄道を引いた人として憶えられたい」と語っていました。必死になって勉強する理由がよくわかった気がしました。

⑩モダンの方法（論理）を使う

ドラッカーは一九二七年、一七歳でギムナジウムを卒業した後、フランクフルトの金融機関で景気動向の分析に携わっていた時期があります。彼が書いたレポートは、計量モデルを駆使したもので、景気は右肩上がり、経済成長は躍進という結論でした。しかし、レポートが世に出て二週間余り、ニューヨーク株式市場の大暴落に端を発する世界恐慌が世を襲います。むろん予測は大外れでした。

以来、ドラッカーは、過去の数字は未来について何も教えないこと、理論偏重の危険を骨の髄まで叩き込まれることになります。結果として、彼は頭の中だけで抽象的に考え、世の中を理論的に分析する活動はいったん棚に上げ、現場を見て肌で感じ、描写する生き方を選ぶことになります。

ただし、ドラッカーの特徴は、合理と知覚両方ということです。とくに顧客創造については、**知覚**をフルに活用するよう推奨しています。知覚の活用とは、人の表情や雰囲気など、合理を超えたところにあるものも大切な情報として受け止めることを意味します。

例えば「c」「a」「t」のアルファベット文字は、個々のばらばらでは意味をなしません。

Q 何をもって憶えられたいか？

猫
t c a
?
cat

各アルファベットを全体として見たときに意味（ｃａｔ）を獲得します。全体から直観的に意味をとらえることを知覚と呼ぶのです。

知覚の最たるものは視覚でしょう。私たちは一〇〇メートル離れたところからでも、マクドナルドの看板を見分けます。スターバックスのロゴを理解します。それほどまでに知覚の力は絶大なのです。

知覚には、視覚、聴覚のほかに、触覚、嗅覚、味覚があります。一般に視覚と聴覚については、しかるべき商品設計やマーケティングがなされている事例は数えきれないほどあります。コカ・コーラの「赤」、アマゾンの「オレンジ」、スターバックスの「緑」、その他、ファミリーマートの入店時の音などは身近な例でしょう。ほかにも、屋外のメロンパン販売やディズニーランドのポップコーンの甘い香りなど、嗅覚に訴えるものもあります。

知覚は、価値を見つけるうえでの目印であり、無数の体験につながる中継器の役割を果たしています。

誰もが人に対するとき、表情から感情や考えを読み取ろうとします。笑っているのか、怒っているのか、悲しんでいるのかなど、論理とは別に重要な参照要件にすることが多い。それによって、枝葉末節の部分にとわられずに、全体として印象を把握できるからです。

一方で、モダンの方法は、感情などはいったん置いて、合理的な共通言語を供してくれます。**マネジメント・サイエンス**やマーケティング・サイエンス、統計手法などがモダンの方法に相当します。経営を科学的・数理的にとらえていこうとする学問領域です。ドラッカーは、マネジメントは科学ではないと見ていましたが、マネジメント・サイエンスを利用できる余地があれば分け隔てなく有用性の高い補完的なツールとして利用せよとも述べています。

2 イノベーションの見方

変化を利用する

二大急所のもう一つはイノベーションです。

何をすべきか。

イノベーションが起こりやすい土壌をつくらなければなりません。全員がイノベーションをしたくてしかたない会社をつくることです。何か変化が起こったら、「困った」よりも、「どう利用できるか」という問いが文化になっている会社です。

次頁の「イノベーションの樹」は、『イノベーションと企業家精神』（一九八五年）で示されている「イノベーションの七つの種」をもとにした図です。七つの種は、着手や実現の容易かつ成功確率の高い順に並んでいます。変化に処するうえでの視点と、具体的にどのような変化

イノベーションの樹

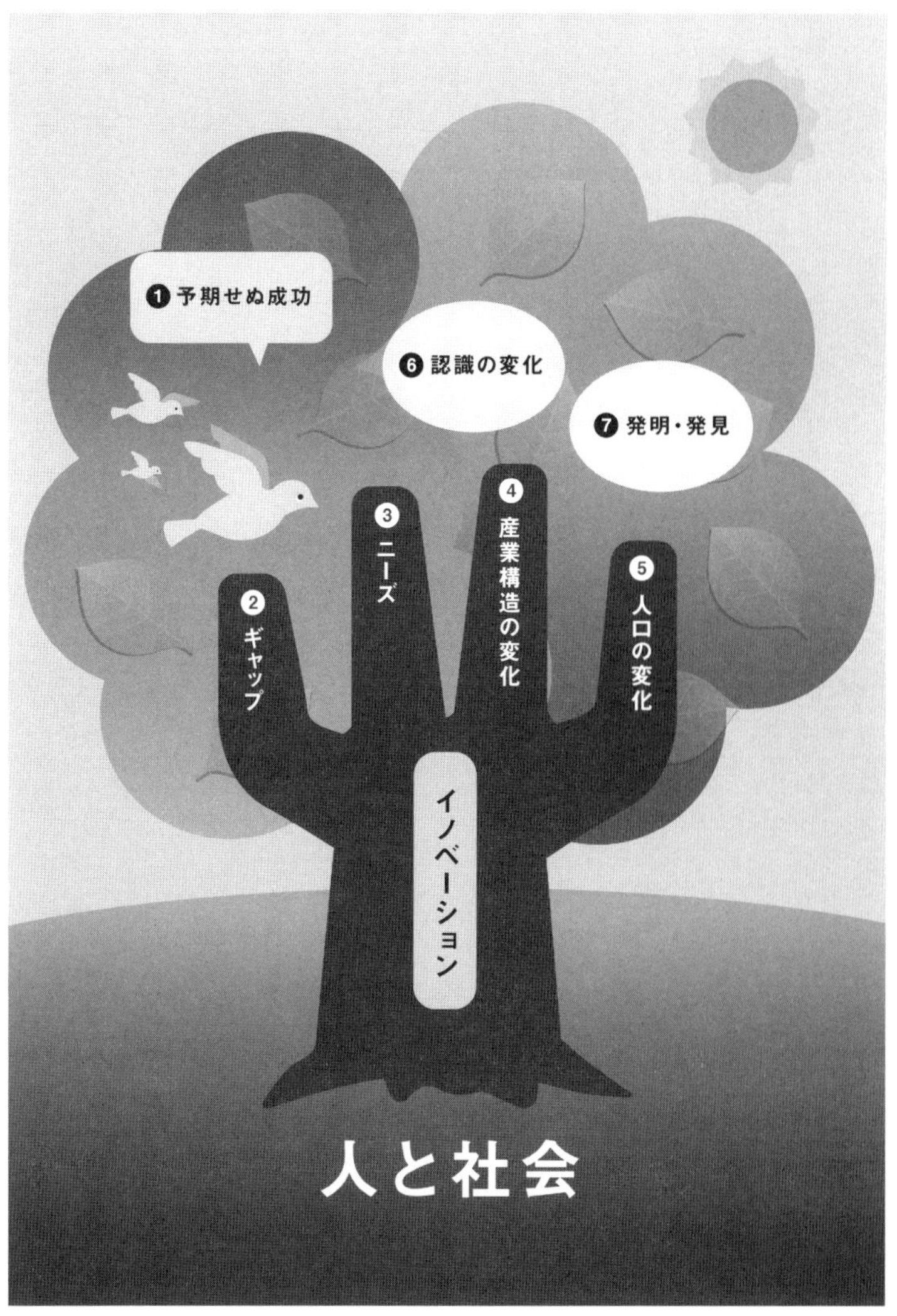

❶予期せぬ成功
❻認識の変化
❼発明・発見
❷ギャップ
❸ニーズ
❹産業構造の変化
❺人口の変化
イノベーション
人と社会

を創造するかを見ていきます。

ドラッカーはイノベーションのためには何か具体的な方法があるはずだと見ました。彼はコンサルティングの現場から知的体系を構築した人です。すべて頭で考えられたものではありません。無数に目にしてきたイノベーション事例を、成功要因に即して分類しています。すると七つのかたまりが表れました。それをイノベーションの七つの種と名付けたのです。

イノベーションの基本は、現実を観察し、変化を見出し、変化を利用することにあります。どのような変化を相手にするか、すなわち変化の急所を見定めることです。イノベーションの樹は、変化の急所を七つ示しています。

ぜひ、ご自身の携わる事業を振り返りながら、現在の変化を七つの視点をもとに、書き出してみてはいかがでしょうか。

変化を発見するのはさほどむずかしいことではありません。私たちの住む世界は幸いなことに変化に包まれているからです。

ただし、イノベーションは、変化を流れるに任せず、変化を利用しようとします。

現代の企業にとって、イノベーションは日常的な仕事です。変化はイノベーションにとって主食とさえ言ってよい。先ほどのマーケティングが顧客の創造であることからもわかるとおり、顧客を創造する行動と、変化を創造的に起こしていく行動は同じコインの裏表です。

マーケティングとイノベーションの両輪を用い、顧客創造を行い続けることによって、企業は人と社会を創造的に刷新する中心的役割を担いうるのです。

リクルートの旧・社訓、「自ら機会を創り出し、機会によって自らを変えよ」はドラッカーの熱心な読者であった創業者・江副浩正氏によるものでした。

小さく始める

仰々しかったり華々しかったりするイノベーションはたいていは失敗するとされています。大方の実感にも合うでしょう。イノベーションは現実の変化を相手にしています。現実とは、多くの場合、でこぼこしていたり、ごつごつしたりしています。不揃いです。反対に言えば、一つの美しい鋳型にすんなり収まるほど単純なものではない。複雑な現実をブリリアントに説明できてしまうなら、どこかおかしいと疑うべきです。

反対に、ドラッカーのイノベーションは、「地道な仕事」の別名と言ってよいでしょう。**変化を見つけることは、日々の堅実な行動の積み重ね**だからです。とりわけ、最も打率の高いとされる「予期せぬ成功を探す」などは典型で、お客さんからくるメールや電話を記録して報告するだけで、立派なイノベーション行動になりえます。

とにかくおおげさに見ない。ドラッカーのイノベーションを学ぶ者としては、十分に肝に銘じるべき点です。次の七つの種でも、世間をあっと言わせるくらい華々しい発明・発見は、意外にイノベーションにはつながらないのです。顧客を創造するためには何十年も待たなければならなかったり、巨額な投資を必要としたり、打率として見ると高いとは言えないためです。

①予期せぬ成功
②ギャップ
③ニーズ
④産業構造の変化
⑤人口の変化
⑥認識の変化
⑦発明・発見

並びを見てください。①から⑦まで、ばらばらで、論理的な感じがしませんね。ある意味ではでたらめな配列です。

これは、実現しやすい順で並んでいます。とにかくちょっとした工夫の積み重ねです。積み重なって、イノベーティブな習慣となり、イノベーティブな文化をつくっていく。ドラッカーが求めるのはそれだけです。結局、小さな行動によってできた土壌が、国や企業の競争力になるからです。

論理性や脈絡よりも、「うまくいくか」を見る。「理屈は誰かがいつか明らかにしてくれるだろう。でも待ってはいられない」。ドラッカーの口癖でした。

もう一つ。「**小さく始めなさい**」。常々ドラッカーが口にしていた一文です。おおがかりに行うと、成功しても成功しなくても、引き返せなくなります。反対にいつでも立ち止まれるように、やめてしまえるように、小さく始めるのがいい。

友人のコンサルタントの国永秀男さんが教えてくれたエピソードです。国永さんは、晩年のドラッカーの自宅に定期的に赴き、コンサルタントの本質を伺うという幸運に恵まれた方です。そんな国永さんが、「今後あなたの考えをもっと日本に広めたいと思う。どうすればよいと思うか」と質問したところ、ドラッカーの答えは「広げようとしなくていい（Don't expand）。役立つものであれば自ずから知られていくはずだから」でした。

ドラッカーらしい回答です。小さく始めよとは、目の前の個としての顧客（a customer）を大切にする見方にもつながります。

①予期せぬ成功

イノベーションの樹の図で飛来する鳩として表現されているのが、予期せぬ成功です。イノベーションを行ううえで最もやさしく、しかも成功確率が高いとされています。

変わったお客さんがきたら、本当のお客さんかもしれないと見る。予期せぬ成功の基本です。商品の説明書にない使い方をしてくれるお客さんなども。既存製品の新しい用途の発見も立派なイノベーションです。

ドラッカーが挙げている例です。フォードではかつて、最高の市場調査が行われ、最高のデザインやコスト管理から成功に何の疑念ももたれなかったエドセルが大失敗に終わったことがあります。理由を徹底的に調べた結果、市場が変化したことがわかります。それまでは所得水準によって購買される車種は決まっていました。顧客は収入に合わせて車種を決定していました。ところが、ライフスタイルが変化して、「人からどう見られたいか」を基準に車種を選ぶのが世のトレンドになっていました。フォードはそれを発見し、そこから、サンダーバードを開発して大成功するという話です。

予期せぬことは、すべて記録して、報告するしかけをふだんからつくっておくことです。記録されなければ誰にも知られずに、消え去っていくだけです。ドラッカーは次のように述べています。

「予期せぬ成功に気づくことが困難な原因の一つは、今日一般的にみられる報告システムでは、成功は報告されないようになっているからである」(『イノベーションと企業家精神』)

「企業が売っているつもりのものを顧客が買っていることは稀だ」とのドラッカーの言の通

り、どんな使い方や必要性があるかはお客さんに教えてもらうのが手っ取り早く、しかも確実なのです。できれば、定例の会議の中で、予期しなかったことを報告し合うといいでしょう。

ある出版社の書籍部門を成長させた編集者の方がこんなことを話していました。

「最初に考えたのは、大ヒットではありませんでした。とにかく小さい成功でした。何でもいいのです。少し売れたくらいでちょうどいい。その本を見て、別の方が同じ分野で本を出してくれる。世の中のほうも、少しずつ認知してくれる。そんな風にして、次の事業ができていくというのが私の実感です」

ドラッカーの見方も同様でした。ささやかな成功。そこに次の成長の原点が宿っている。きらびやかな戦略論や組織論などはありません。

目の前の顧客を大事にできない会社が、大きな事業をつくれるはずがないのです。

②ギャップ

必要なものと現実との間に川が流れている、そこにちょっとした橋を架けてあげるだけで、たくさんの人が助かる。ギャップの解消とは、そんなイメージでとらえられるでしょう。

Q 「変なことを言うお客さん」は、実は本当のお客さんだったのではないか?

あっていいはずなのにないものを探す。世の中はギャップだらけです。不便だったり危険だったりは星の数ほどもあります。コロナで対面接触が控えられることで、zoomなどの会議用ツールが急速に普及し、さらに飲み会や大学の授業、習い事などにも普及し、もはやコミュニケーションの標準になりつつあります。

③ニーズ

必要とされているもの、なくては困るもの。どうしても必要だというところには、何かを生み出す機会がある。②のギャップと重複するものもたくさんあるでしょう。厳密に区別する必要はありません。元来花粉症などへの対応としてマスクの必需性は高まっていましたが、コロナによってマスクはルールに等しいものとなり、五〇〇〇億円もの市場に急成長しました。色や柄、デザインなども鮮やかになり、マスク市場には異業種の参入や関連商品のヒットも見られるようになりました。

ニーズはわかりやすいところにばかりあるとは限りません。ヤマト運輸を設立した小倉昌男氏もまたドラッカーに学んだ人ですが、雑誌のインタヴューで次のような例を挙げています。「たとえば八ヶ岳の山の中に営業所をつくる。だれもが、こんなところに営業所をつくってもムダだという。ところが営業所をつくったら荷物が次から次へともち込まれてくる。何かといえば山菜だ。宅急便ならせっかく採った山菜を朝のうちに送ることができる。これが評判を呼んで結構商売になった。ドラッカーのいう『顧客の創造』には大いに共感する」（『週刊ダイヤ

モンド』二〇〇一年三月三日号）

④産業構造の変化

この二〇年来、デジタル技術が産業構造を根本的に変化させる過程を私たちは見せつけられてきたといってよいでしょう。車も、家電も、物流も、交通も、農業も、情報技術によって、あらゆる産業は知識化しています。お金やポイントなどもバーチャルなものになりつつありますし、情報の流れが産業の構造を変えつつあるのは日々私たちの目にするところです。

チャンスをもたらすのは、ＩＴ（情報技術）のＴ（技術）よりも、Ｉ（情報）において起こっています。Uber Eatsの配達員を見たり実際に利用したりする頻度は格段に増えたと思いますが、情報を生産手段に新しい仕事を始めている人がたくさんいます。

⑤人口の変化

マーケティングの見方でも登場しましたが、人口の変化はイノベーションのまたとない機会でもあります。高齢化によって、ネットスーパーなど日用品の宅配は巨大市場になっていますし、労働力にも高齢人口は大きな影響力をもちつつあります。オンライン診療なども、従来より新規利用者が九倍にも伸びたとされ、医療へのアクセスも大きく変化しています。

交流人口にも影響があります。都市部での感染症や住環境の要因から、地方へと移住する人口も見られます。あるいは、女性や高齢者などの社会参画のダイバーシティをイノベーションの種にする観点も出てきています。

「予期せぬ成功」は豊かな鉱脈

何かが期待通りにいかない。
新商品は期待したほど伸びないし、コストは上がっている。
先日入社した中途採用は思ったほどの戦力でもなかった。
プロジェクトは進まないし……。
気が滅入ることばかりを挙げていけばきりがありません。
「うまくいかないこと探し」は今の社会に蔓延する癖の一つです。
個人的なレベルでも、会社でも、社会でも判でついたように同じです。
イノベーションの要は視点の転換にあります。
本当にうまくいかないことばかりなのか。
うまくいかないことを探すのには、実はとてつもない負荷がかかっています。
ストレスの原因ともなっています。
ならば、まずストレスのないものを探してみる。
利用できる変化は起こっていないか。
探してみよとドラッカーは助言してくれます。
よく見てみると、先月、新規の顧客引き合いだけで三件もあった。

昨年などはチーム単位だけど社長賞をとったし、プロモーションのセミナーもなかなか好調で今年もやろうという話になっている。

子供は別に問題を起こしているわけではないし、おかげで近所関係も良好だ……。

ドラッカーも言うように、真の機会はすでに起こったことの中にあるのです。

⑥認識の変化

人々の認識が変わるときにイノベーションの機会があります。典型が健康産業です。情報化の進展とあいまって、誰もが健康ノイローゼのような状況になっています。たばこやお酒、フィットネス、サプリメントなど、健康についての意識は大きく変化しています。認識とは、わかりやすく言えば、「何を当たり前と感じるか」。一昔前、よほどのことがなければマスクはつけなかったものでしたが、いつしか春先の花粉の季節や冬場には当たり前のように見られるようになり、コロナ以降はマスクをしないのは深刻なマナー違反とさえ見られるようになりました。当たり前ほど変化するものはないようです。

⑦発明・発見

ＩＰＳ細胞や製薬関係などのノーベル賞級の発見などがあたるのでしょうが、一度市場ができれば巨大な富を生む一方で、リードタイムが長く、なかなか実現は簡単ではない。のるかそるかの大博打です。成功すればすばらしいし、歴史に名前が残る。事業としてのイノベーションを見る場合、優先順位は最も低いものとなりそうです。成功確率からいうと「予期せぬ成功」にまったくかないません。

3 生産性の見方

知識を生産的に用いる

次が生産性です。生産性には、①肉体労働の生産性、②サービス労働の生産性、③知識労働の三種類の生産性があるとドラッカーは見ていました。

二〇世紀は肉体労働の生産性向上に大成功した時代でした。**フレデリック・テイラー**の**科学的管理法**によって、仕事を作業単位に分割して体系的に組み直すことで、誰が行っても劇的な生産性向上が可能となりました。

今日でも自動車や家電製品などの工業分野では、組み立て工場などで科学的管理法はコンピュータの制御技術によって活用されています。それによって、労働コストをはじめとする無駄なプロセスの低減が実証されました。

テイラーの考えと実践により生産性は五〇倍に高まったとドラッカーは指摘しています。かって五〇人で行っていた仕事の生産が、一人で行われているわけです。

かくして肉体労働の生産性向上によって、家電製品や自動車、住宅など物的な基盤が整備され、産業発展に寄与してきたのです。

次に、②サービス労働というのは、小売り、メンテナンス、銀行業務などの分ービス労働の生産性はどうすれば高められるのか。サ解しようのない仕事です。実は、サービス労働は、従事する人の適性によって大きく生産性に差が生じます。セールスなどは一つの典型です。売上げの大半を稼ぐのは、多くは上位数パーセントのセールスパーソンです。なぜかはわかりませんが、「できる／できない」がはっきりしてしまうのです。

ならば、できる人を徹底的に伸ばすことです。

ドラッカーの挙げている例です。メキシコからの移民女性が、ビルのメンテナンス会社から派遣されて、病院でのベッドメイク業務を行っていました。女性は英語が話せなかったとのことですが、あるとき画期的なベッドメイクの方法を発明します。まずシーツを二枚要求する。二枚のシーツを一枚の三分の一をずらして敷き、もう

フレデリック・テイラー（1856～1915年）
技術者、経営学者。課業管理や作業の標準化などによる労働者管理の方法論という技法、科学的管理法を確立した。仕事を単位作業に分割し、組み直すことで生産性を高める方法であり、現在も自動車や家電製品などの組み立て工場で科学的管理法は活用されている。

一枚を三分の一ずらして敷きます。そこに患者さんが横になると、一方にごろんとずれてもらって一枚のシーツを取り換え、向こう側にずれてもらってもう一枚を取り換える。このような方法にしたら、三人で一三分かかっていたのが、二人で三分で済むようになった。生産性が劇的に向上したのです。

ビルのメンテナンス会社は後に女性を病院事業部の事業部長兼副社長に抜擢しています。もし女性が病院の職員だったらどうか。その後もずっとベッドメイキングをしているでしょう。社員食堂の主任はいくら良い仕事をしても、会社の課長にはなれない。ところが食堂を運営する会社であれば、役員になれます。サービス労働の生産性向上の秘訣はそこにあるとドラッカーは指摘するわけです。意欲と能力ある他者に業務を委託する。**アウトソーシング**と言います。アウトソーシングとは節約の問題ではなく、仕事というものの本質にかかわることなのです。

サービス労働は、心から喜んで、楽しくいきいきと取り組める人に優先的に働いてもらうのがよいのです。目的はコスト削減ではありません。意欲と能力のある人たちの創造力を刺激し、生産性を高める方法としてアウトソーシングが推奨されています。

では、③知識労働はどうでしょうか。二一世紀は知識労働の生産性向上を大きな課題とするとドラッカーは見ていました。知識労働は、思考活動や感性の活動によって価値を生み出していく労働です。言うまでもなく、成り立ちは繊細です。少し不安なことがあったり、ストレスがあったりすると、すぐに生産性はゼロ、悪くするとマイナスになってしまいます。ドラッカー・スクールのジェレミー・ハンターは、「脳こそが知識労働の司令塔」と述べています。

では、脳の生産性を高める簡単な方法は何か。

無駄なことをしないことです。とにかくよけいなことをしないし、させない。それだけです。脳の空き容量をたくさん残しておくこと。そのうえで、なすべきことに集中的に取り組んでもらう。知識労働者の生産性を高める究極の方法です。

きっぱりとやめる

一九世紀の国際法学者カール・ヒルティは『幸福論』（岩波文庫）の中で、「働くためには、力を節約しなければならない。（略）われわれが無益な活動のために、どれだけ多くの仕事の興味と精力をそがれているかは、ちょっと口には言えないほどだ。第一に挙げねばならないのは新聞を読み過ぎること、第二に、不必要な会合」と述べています。

さしずめ現代なら、スマホの見過ぎと不必要な会議でしょうか。

会社などは、肉体労働時代の習慣を今も強固に引きずっている場合が少なくありません。誰もが同じ時間に出社して、同じ時間に会議に出るなどがそれです。

Q その仕事は、もっと意欲と能力ある人たちに委ねられないか？

反発を恐れずにはっきり言いましょう。こと知識労働について言えば、会議の大半は無駄どころか、本来あげるべき生産性を損なっています。いくら会議が重ねられ、業績数字が議論されても、会議自体の生産性が論じられたのを見たことがあるでしょうか。灯台下暗し、会議は知識労働におけるブラインドスポットになっているのです。

しかし、通常はやはり部課長全員に案内しないと僻まれてもいけないと思って案内します。案内された方は、出ないと角が立つと思って出てきます。出た以上は何か一言くらい言わないと具合が悪いと思って発言する。おおかたこんな調子ではないでしょうか。

間違いなく言えるのは、その間誰も生産的な仕事を行っていないこと。やめなさいとドラッカーは言うわけです。

『経営者の条件』は、成果をあげる方法は学ぶことができるとし、組織とともに働く一人ひとりが、トップのように責任をもって強みを生かす方法が記述されています。今日に至っても最も広く読まれているドラッカーの経営書です。

会議の生産性を上げるために、ドラッカーは次のように助言しています。

カール・ヒルティ（1833〜1909年）
スイスの法学者、文筆家。敬虔なキリスト教徒として、多数の思想書を残した。信仰に根付いた生活を世の中でしていくために、さまざまな処世術や思考法、対処法などが著されており、日本では『幸福論』、『眠られぬ夜のために』の著者として有名。

「会議を成果あるものにするには、会議の冒頭に、会議の目的と果たすべき貢献を明らかにしなければならない。そして会議をその目的に沿って進めなければならない」(『経営者の条件』)

まずは会議に期待する目的や目標を可能な限り精密に書きとめておく。事前にアジェンダをしっかりと決めて臨む。この会議を開くことによって、何を実現したいのかという問いを誰もが事前にもっておくことです。

事前に書きとめておかないとどうなるか。

自由討論、放談会になって、いつまでたっても終わらず、しかも何の成果もあがらない会議になってしまうのは必定です。会議は意見発表の場ではない。意思決定の場です。

あるいは、会議は全員が出なくてはならないものでもありません。あきらかに関係のない人もいます。意見を言いたくても、議題について知識の乏しい人だっています。会議に出ないで、もっと生産性に貢献することをすればいい。ドラッカーの提案は次のようなものです。

その会議、その報告書は本当に生産的なのか?

「何月何日何時から次の趣旨の会議を開く。関係のある方、関心のある方は参加してほしい。決まったことは後日書面で報告する」

これで十分。

とにかく徹底的に無駄を排して、知識労働者から時間を奪わないようにする。知識労働の生産性を高める秘訣です。

経営資源の見方――4人材、5物的資源、6資金

次は経営資源です。経営資源にも、三つあります。人材、物的資源、資金です。

3の生産性とも関係するのですが、経営資源の生産性を最も高める生産要素は、すでに知識に移っている――ドラッカーの一貫した見方でした。4人材、5物的資源、6資金の三つともに、知識との関係で初めて生産的たりえます。

人は知識の第一の所有者です。これまでも人は資産でしたが、知識時代は、人は最高の金脈になります。しかも、埋蔵量は無尽蔵です。

昨今の転職市場を見る限りでは、知識や経験をもっている人は、年齢にかかわりなく高い報酬をもって遇されています。確かにグローバルなネット物流を構築する経験をもっていたり、腕のいいシステムエンジニアやコンサルタントなどは、どの企業でもほしいに違いありません。

物的資源は、土地や機械設備、トラックのようなものを想像していただければいいでしょう。あるいは知識との関係で言えば、コンピュータや高性能のコピー機、昨今では在宅ワークのための機器などもあります。

資金についても事情は大きく変わりません。お金をめぐる状況も、有望な知識に対して資金が集まるようになっているのは確かでしょう。

経営資源とは山登りで言えば、基本装備にあたるわけですから、難所にさしかかったときに途方に暮れて登山をあきらめてしまわないように、慎重にも慎重を期すことが求められる。ドラッカーは、「マネジメントにとって最大の責任は、自らの組織の存続を確実にすること」(『乱気流時代の経営』)と述べています。

何に貴重な時間を投入していますか?
何から貴重な時間を奪われていますか?

問いのもつパワー

ドラッカーはどんな人に会うときも、可能性ある存在として深い敬意を払ってきました。今どうあるか以上に、未来においてどうあるべきかに目線は向けられていました。

ゲーテが言うように、人の可能性を広げるためです。

では、人の未来の可能性を開くためにとった方法は何だったか。

「問い」でした。

小成に甘んじることなく、個々の在り方にふさわしいかたちで大成に導く。

問いこそが成長への導火線でした。

人は限界に気づけないくらい、世界に対する固定的なイメージに縛られています。誰でも世界はこんなところだ、自分はこんなものなんだというイメージをもっています。

同時に、社会のほうも、安直なメッセージで人を縛ろうとします。寄ってたかって人を小さくしてしまう。

堅固な前提に働きかけるのがドラッカーによる問いの醍醐味です。

「ここしばらくで最もうまくいったものは何ですか？　さしたる努力もなしに、あがった成果は何ですか？」

ドラッカーは企業の若手幹部にこう訊いたと言います。

返ってくる答えはたいてい決まっていました。

「考えたこともありませんでした」

さしたる努力もなしにできてしまうことを意識して行ったら――。うまくいかないほうがどうかしています。

問いはさびた鉄の扉をこじ開ける、秘密の鍵なのです。

7 社会的責任の見方

昨今では、就職活動をする学生から、企業の発行するCSRレポートや統合報告書が参照されていると聞きます。賢い方法です。冒頭にトップメッセージが掲載されています。財務報告書を読むよりも、CSRレポートを読むほうが、企業のもつ生き物としての強みやありのままの事業の様子がよく伝わってくるのです。

Q ここしばらくで最もうまくいったものは何ですか？
さしたる努力もなしに、あがった成果はありませんか？

―――

では、社会的責任をドラッカーはどう見ていたのか。

社会的責任というと世の中に何か良いことをする活動と考える人も少なくないようです。

顧客創造を行うこと、それ自体が社会への責任ある応答です。企業にとっての世の中への最大の貢献は、本業にある。ふつうに事業をすることが最大の社会貢献。会社のもつ強みを用いて、社会の問題の解決を行うこと。これが理想です。

しかも、事業として行うことです。よく見てみれば、世の中で繁栄する企業は、活動自体が世の中の課題を解決しています。電力会社、自動車メーカー、流通、教育、医療など、いずれもが、社会の基本的な問題解決を事業の柱にするのです。

社会的責任とは、究極的には世の中に「害をなさない」に集約されるからです。ヒポクラテスの誓いです。できることなら、良い影響も悪い影響も与えないこと、少なくとも最小限にとどめる。事業活動を行っていれば、どうしても環境に影響を与えてしまいます。工場を稼働すれば騒音が出てしまう。周辺に朝夕の渋滞が発生する。極力影響を小さくしなければならない。できればゼロ

CSR（企業の社会的責任）
Corporate Social Responsibility。企業が事業活動を通じて、主として環境やグローバルなどの側面から社会に貢献する責任。社会へ与える影響に責任をもち、あらゆるステークホルダー（利害関係者：消費者、投資家等および社会全体）からの要求に対して、適切に応答する責任を指す。昨今CSRレポートや統合報告書を発行する企業や自治体も少なくない。

にする。

社会的責任の原則です。

8 利益の見方

マネジメントの樹の枝葉の最後に登場するのが利益です。私たちはつい利益のために事業を行っていると思い込みがちです。

逆立ちしています。

ドラッカーは、利潤動機は存在しないとさえ述べています。お金がほしいというのは、人間の自然な欲求ではなく、古典派の経済学者たちがでっちあげたものというのです。

事実、利益は事業全体、すなわちマネジメントの樹が健康に成長した結果として実るものです。利益だけがほしいといっても、得られるものではありません。もう一度マネジメントの樹をよく見てください。利益を果実に見立てていますが、根から幹、幹から枝葉と全体がいきいきと成長した結果であることが示されています。

利益は組織が人と社会とともに成長していることを示す尺度なのです。マラソンのタイムがマラソンを走った結果として出てくるのと同様です。

他方で企業の優れた点は、利益という評価基準をもつことです。

利益は「明日さらに優れた事業を行っていくための条件」でもあります。事業が健全に発展していくならば、費用も大きくなっていきます。成長に伴う費用をまかなうのが利益です。利益があがっているならば、未来にいろいろな費用が生じたときに、きちんと支払うだけの準備ができる。

ただし、もちろん利益にはいいこともたくさんあります。第一にわかりやすいことです。利益は貨幣価値に換算できますから、社会に貢献できているか否か一目瞭然です。利益のあるなしによって、会社は発展したり倒産したりします。とくに、企業の最大の強みは、倒産できることにあります。顧客創造をできない企業は、言い換えれば人と社会への貢献を怠っているか失敗しています。人と社会に対して機能していないのなら自然の摂理です。

マネジメントの樹の幹の三つの責任を思い出してください。

1. 自らの組織に特有の使命を果たす
2. 仕事を通じて働く人を生かす
3. 社会的責任を果たす

利益があげられないとはどのようなことか。三つの責任いずれもが果たせなかったことを意味します。人と社会との約束を履行できなかった。それは社会に対しての無責任です。

マネジメントとは、最後は責任であることがよくわかります。二〇〇四年、ドラッカーは九四歳の亡くなる直前、「プロフェッショナル・マネージャーの行動原理」という経営者向けの問いと助言を『ハーバード・ビジネス・レビュー』に書いています。

メッセージの中心が、**経営者たる者は、株主のためでもなく、従業員のためでも、社長や役員のためでもなく、社会の公器としての会社のためを考えよ、**でした。社会の公器としての会社も、利益なくして存続できないのです。

第2章 マネジャーとは誰か

プリンシプルを習慣に

マネジャーにとってのプリンシプルもまたすでに述べたマネジメントの三つの役割、すなわち、①**自らの組織に特有の使命を果たす**、②**仕事を通じて働く人を生かす**、③**社会的責任を果たす**、の三つです。三つのプリンシプルを知っているか知らないかだけで、長い目で見ると雲泥の差が生まれてきます。経営者でなくても、日々行っている自分の仕事を振り返ってみるといいのです。ふと手もとの作業をやめて、顔を上げ、「ドラッカーの言うあの三つの原則に照らすとどうなるのだろう?」というふうに、役に立つものさしとして活用できるのです。

何か考えが煮詰まったときや、一つのことに突っ走りそうになったときなど、「自分にしかできない特有の使命は何だろうか?」「人を生かし切れているのだろうか?」と見ていくと、もう一つの現実に気づかせてくれるきっかけになります。とくに自信満々だったり、過剰に前向きだったりするときなどは、内省しつつ反対意見に耳を傾けることなどはしないものです。

名著『失敗の本質』(中公文庫)では、旧日本帝国陸軍が敵の実力を過小評価していたことや、経験不足に伴う浅慮に加え、意思決定において異論を許さなかったために、決定的な敗戦を喫し、ひいては国を破滅に導いた経緯が述べられています。巨大な事例ではありますが、同様の事柄は日々の仕事の中でも起こっています。


「こんなときはどうしたらいいだろうか？」

「どこに気をつければよいのか？」

「見えていないのはどのようなことだろう？」

マネジメントのプリンシプルに目を向けてみてください。課題にかかわりなく、着手すべき小さな行動が見えてくるはずです。


マネジメントというと会社経営者が想像されますが、**自らの責任で意思決定する人は誰もがマネジメントを行っているのです**。会社経営者の専売特許ではありえません。世

自分にしかできない貢献は何だろうか？

『失敗の本質──日本軍の組織論的研究』

戸部良一、寺本義也、鎌田伸一、杉之尾孝生、村井友秀、野中郁次郎の6名の研究者による1984年刊行の共著。日本軍が敗戦した原因を追究すると同時に、歴史研究（軍事史）と組織論を組み合わせた学際的研究書。ノモンハン事件と、太平洋戦争におけるミッドウェー作戦、ガダルカナル作戦、インパール作戦、レイテ沖海戦、沖縄戦を分析対象とする。

の中はマネジメントを要するものに溢れています。
次にいくつかマネジメントの代表的な武器を取り上げます。

1 武器①――時間管理

時間から入る

日々の多忙の中にいると、つい立ちどまって腰を据えて考える機会を逸してしまいます。対症療法的になってしまって、本質的な課題がどこにあるのかが日々の雑事にまぎれて見えなくなりがちです。

対して、ドラッカーは根本的なコンセプトを突き付けています。

時間がそれです。「成果をあげる者は、仕事から入らない。時間から入る」と述べているのです。

確かに、冷静に考えるとその通りではないでしょうか。時間こそが成果をあげるうえでの真の制約条件だからです。

一言でいえば、「**時間から入りなさい**」。

筆者もこれまで成果をあげる人と多く接してきましたが、ほぼ例外なくもっていた習慣は、時間から入ることでした。

いくつかの表れ方があります。いつもあくせくと忙しそうなわりに、さしたる成果のあがっていない方は周囲にいないでしょうか。「昨日も徹夜してしまった」とか、「今日も昼食に出られなかった」とかを口癖にする人たちです。

確かに、フル稼働のつもりなのでしょう。しかし、おそらく成果から見れば、フル稼働ぶりはあきらかに空転しています。空回りするほどにますます成果のあがる仕事を考えるための時間はなくなります。直視すべき本当の問題は、目の前の仕事にではなく、時間にあるというのがドラッカーの見立てでした。

ドラッカーは若い頃から、多くの会社のコンサルタントも務めてきました。製造工場をもつところも多かったのですが、いろいろなところを見て歩くうちに、他社と比べて品質が高く、不良品も少なく、しかも顧客に喜ばれる製品をつくっている工場には、一つの共通点があることに気づいたそうです。

静かであることがそれでした。

活発で、積極的、エネルギッシュをよしとする精神主義は日本社会で今も健在です。けれども、ドラッカーの観察によれば、真実は逆でした。しっかりと時間をとって、腰を据えて業務フローや仕組みが見抜かれている工場では、不良品率は低く、やり直しや、最終検査での不合格率は低かった。しかも、しんとしているのです。トラブルが起こらないのですから、喧騒とは無縁です。

ところが成果のあがらない職場などは、逆に目の前の仕事からスタートしてしまう。いわゆる場当たり主義です。

すでに述べた、マネジメントの原則で活用される目標が機能していないのです。

ストライクゾーンなしでストライクを投げようがないのと同じです。目標なくして成果なしです。

ドラッカーは観察のための時間を重視していました。一般的にはかなりのまとまった時間を必要とします。繰り返しになりますが、とくに見るべきは、目標です。逆にしっかり見抜かれた目標ほど、それ自体日々の熱源として作用するものはありません。いい加減に考えられた目標ならいざ知らず、きちんと自己内対話を繰り返した「思考含有量」と「観察濃縮度」の高い目標であるならば、自分でさえ勝手に動かせるようなものではなくなります。

もう一つ――。ソクラテスは「汝自身を知れ」と言ったそうです。

ソクラテスは弟子プラトンによる対話篇で知られるギリシャの哲学者です。自分自身を知ることが、哲学することの究極の目的であると述

ソクラテス（BC470〜BC399年）
アテナイ出身の古代ギリシャの哲学者。西洋哲学の基礎を築いた人物。彼の弟子のプラトンとクセノフォンの著作を通して知られている。プラトンの対話篇は、古代から残されたソクラテスに関する最も包括的な著述とされる。

べています。しかし、誰もが哲学者ではありませんし、自分を知ると言っても容易ではありません。

人はどう自分自身を知り、何にどう時間を費やすかを考えていけばいいか。

ドラッカーは「**汝の時間を知れ**」と言います。

今日、朝起きてから、何に時間を使ったか。今月、何に最も時間を費やしたか。今年の残された時間、何に時間を費やすことになるのか。

何に時間を費やすか。ドラッカーは時間に対する次の見方を紹介しています。

「成果のあがらない人は、第一に、一つの仕事に必要な時間を過小評価する。すべてがうまくいくものと楽観する。だが誰もが知っているように、うまくいくものなど一つもない。予期しないことが常に起こる。しかも予期せぬことはほとんど常に愉快なことではない」(『経営者の条件』)

実際に誰もが知る通り、時間への楽観主義ほど危険なものはありません。当初の想定通り起こるなどほとんど期待できず、むしろ「うまくいくものなど一つもない。予期しないことが常に起こる。しかも予期せぬことは、ほとんど常に愉快なことではない」。痛いほどにその通りではないでしょうか。

遅いより早いほうがいい

講演のときなど、ドラッカーは早めに会場に到着して丹念に下見したそうです。「Earlier is better than later」（遅いより早い方がいい）が口癖でした。

奥深く、しかも役に立つ一文です。

ドラッカーは若い頃、ドイツで新聞記者をしていました。

海外・経済ニュース担当の副編集長の職にありました。

出勤初日、出社するとオフィスの前に大柄の編集長が立っていて、時計をにらみながら険しい表情をしていました。

「六時を四分過ぎている。新聞社の締め切りがわかっていないようだな。朝六時に出社できないようなら、明日から来なくていい」といきなり叱責を浴びたと言います。

時間厳守を叩き込まれた瞬間でした。

思い切って約束の時間の三〇分前に着いてしまえば——。

何せ時間に余裕さえあれば打ち手は十分にある。

心理的効果も無視できません。

ぎりぎりだったり、遅刻したりするとそうはいきません。

時間が気になって能率は下がります。

報告書の提出などでも、督促しなければ約束した書類や原稿が上がってこないのに頭を痛める経験は、よくあることです。

一度で済むところを二度も三度も同じことを言わなければならない。

しかし、約束の日より三日も前に原稿や資料が提出されたら——。

貴重な時間と心の平穏をプレゼントしたのと同じことです。

「ある有能な工場長は、『自分は職長に対し、職場と機械を清潔に保ち、作業日程を三日前に立て、最新の機械を要求し、工具は早めに交換しておくことしか要求しなかった』と私にいったことがある」(『現代の経営』)

いざ企画書をまとめようとすると、すでに終わったと思っていた案件のトラブルで収拾に追われたりする。誰でも経験があるでしょう。どこで火を噴くかわからない。たいていは立て込んでいるところを狙いすましたように問題が起こってきて、予定を乱してくれる。

では、どうすれば避けられるか。

一つしかありません。**集中**です。仕事で成果をあげる人を観察して得た結論の一つがこれでした。

「彼らは一時に一つの仕事をする。その結果、ほかの人よりも少ない時間しか必要としない」（『経営者の条件』）

こと知識労働について言えば、長時間働くことがそのまま価値に直結することはありません。長時間書いたからといって、優れた企画書が出来上がるわけではないのは誰にでもわかる。とりわけ知識労働は量ではなく質で測られる成果ですから、一つひとつに集中して、丁寧に行うほうが質の高い成果につながる。

昔から急がば回れと言います。しっかりと目標を見据えて、余裕をもった時間配分の中で、集中して行われた質の高いアウトプットが、時間に伴う生産性を最大化するうえでの急所ということでしょう。ドラッカー自身もやっつけ仕事はせずに、できる仕事を自分のペースで、集中して行う人でした。

時間についての三つの見方

では、時間に適切に対処するうえで、ドラッカーはどのような助言をしているか。三つあります。

第一に、時間を記録する。記憶するのではなく、実際に記録してみるのです。

第三者に記録してもらえるといいのですが、なかなかそうもいきませんので、自分でメモを取って、どんなことにどれくらい時間が使われているかを記録するのです。記憶で対処するとひどい目に遭います。こと時間に関する限り、楽しい時間は早く、つらい時間は長いといわれるとおりで、記憶は驚くほどあてにならないからです。

原始的な方法ながら、日記を書くのは記録の一環としてお勧めです。日記は自分のデータベースをつくる習慣です。日々きちんと書くことと客観的に自分を観察するとはほとんど同義です。冷静に自分を観察すると、たいていは自分が当初思っていたものとは違うのに気づき、大いに驚かされます。

第二に、時間を管理する。とくに不要なものを捨てる。しなくてもよいことはせずに、人に任せられるものは任せる。

現代の知識労働者の多くは、報告書と会議、それからメールの返信に貴重な時間を費消する現実があります。会議についてはすでに述べましたが、報告書（多くは誰も読まない）、会議の出席などは、時間泥棒の最たるものです。エネルギーを要するわりに成果のあがらない活動は断固たる決意をもって廃棄するしかありません。

手続きや報告をどこまで省けるかが勝負になります。「報・連・相」は手続きであって、それ自体が仕事ではありません。「報・連・相」をあまりに大事にし過ぎると、報告して書類を書くのが仕事と思い、それさえやっていれば仕事をした気になってしまう。安心してしまうのです。上司も、いい報告書を書く部下を評価する。顧客を見ないで書類ばかりつくったり読んだりするから、顧客の本当のニーズが変化しても気づかないのです。元来組織の仕事は外の世界の顧客のニーズを満たすことです。無意味な書類や会議のための暇があれば、外の世界を見るべきです。

第三に、自由になった時間をまとめる。かくしてようやく成果をあげるための準備が整ったことになります。

私の知る多方面で活躍するコンサルタントの方は、時間の記録を行ったところ、ほとんどメールの返信で占められていたと言っていました。悪くすると海外出張中でも、ホテルでメールの返信ばかりしていた。

その方は、原稿を書く仕事に集中するために、メールの返信などの雑事は思い出すはしからメモに取って、後でまとめて処理する方法を編み出してから、本業に集中できるようになり、高い成果をあげられるようになったと言います。

一つの企画書を仕上げるためには、まとまった時間を必要とします。大きな思考量を要する仕事（知識労働の精髄です）であるほどに、細切れ時間はいくらあっても役に立たないのです。

マネジメントが生態系であるのと同じで、知識もまた生態系です。生態系はいろいろなものがかかわりあって初めて意味をもつのですから、一つの知識を体系的につくっていくには、集中がぜひともなくてはならないのです。

雑事はメモを取るなどしてまとめて、一気に処理してしまうか、廃棄してしまう。さすがにメールの返信を廃棄してしまえる方は少ないので、「まとめて一気に処理」が適切な対処です。会議などはドラッカー流であれば、不要ならば出ないのがベストの解決策です（なかなかそうはいっても浮世の義理はむずかしいものですが……）。あるいは、誰も読まない報告書は書かないし書かせない。

知識労働者ドラッカーが実際に採用した方法を紹介しましょう。

1. 缶詰

作家や編集者がとる方法として紹介されています。自分を「缶詰」にしてしまう方法です。問答無用でいっぺんに集中できる時間をつくってしまう。さしあたりの目的からはどうでもいいことの泥沼にはまらずにすみます。電話にも出ませんし、メールも開きません。

何かまとまった書き物を伴う場合など、絶大な効果が期待できます。最も時間を要する対人的なものを遮断してしまい、最重要事項に知的リソースを傾けるのです。

2. 早起き

ドラッカーが周囲に、「遅いより早いほうがいい」と語っていたことは紹介しました。うっかり遅刻してしまうくらいだったら、早めに行って自分が待っているくらいのほうが何かとよいことが多い。

彼は次のように述べています。

「おそらく時間に対する愛情ある配慮ほど成果をあげている人を際立たせるものはない。しかし一般に人は時間を管理する用意ができていない」（『経営者の条件』）

いつも時間に追われていて、意図せずして約束の時間を守れないことは少なくないものです。何か不測の事態が起こったりでもすれば、すぐに支障が出てしまいます。こと時間については、楽観は命取りです。ドラッカーは「成果をあげるエグゼクティブは、実際に必要な時間以上に、時間の余裕を見る」（『経営者の条件』）とも述べています。

最も確実なのは、早起きすることです。あるインタヴューで、「中年以降になったら、朝型生活に変えるのがよいかもしれない」と述べています。早起きは古来から前倒しの王道です。

3. 山小屋

知識労働者にとって、疲労とストレスは大敵です。

忙しくなってくると、目の前の業務や締め切りに追われて、余裕が失われていきます。悪くすれば、十分な睡眠さえとれなくなる。睡眠がとれなくなると、生産的に働いていると錯覚するばかりで、実は能率が著しく落ちます。病気のリスクも無視できません。

多忙とストレスは一度悪循環が回り始めると、時に破壊的な結果を招く危険があります。

ドラッカーも多忙であったのは間違いないところですが、しっかりと深く次の展開を考える時間を夏季などにまとめてとっていました。二〇冊程度の本をもって、気が散らずにしっかりと考えられるコロラドの山小屋に二週間程度滞在していました。

時折山をトレッキングして、心を開放する。頭脳労働の閉鎖性をリセットして、仕事も心身も順調に維持していました。

2 武器②——体系的廃棄

マネジャーにとってもう一つ有効なのは、不要となった行動を廃棄することです。しかも、廃棄もマネジメントの目標に強制算入しておく。一定割合問答無用で捨てるよう自らに強いるのです。年間目標の中に、「全体の一〇%を廃棄」などと入れておく。

コンサルティングに先立ちクライアントに、「ここ半年ほどでやめたことはありますか?」と最初に質問していたと言います。何かをやめるというのは、何かを始める以上に精神的なエネルギーを要します。

だから最初に問うべきなのです。

富士山に登った私の友人が、ガイドさんから聞いた話を教えてくれました。高度が上がると次第に酸素が薄くなって苦しくなってきます。苦しくなってきたら、酸素を吸おうとしてもっと苦しくなる。そのときガイドさんは、「まず息を吐いてください」とアドバイスしてくれたのだそうです。酸素を吸うには、吐かなければできませんからと。助言に従うと、ずっとうまく呼吸できるようになったと話してくれました。

マネジメントも同じです。事業や企業という生き物を扱っている以上、何かを取り入れるならばまず捨てなければならない。しかも、捨てることを先にしなければ、意味あるものを取り入れることはできないのです。

GEのジャック・ウェルチがCEOに就任したとき、念頭にあった二つの考えのうち、一つが事業のグローバル化、もう一つはドラッカーに会うことだったと言います。

さっそくウェルチはドラッカーとの面談を取り付けました。最初の機会で、ドラッカーは次のような問いを発したと言います。「あなたの会社は小さな電化製品から原発までたくさんの製品を製造していますが、もし今からすべての事業を一から始めるとしたら、それらすべてをつくるでしょうか」。もちろんウェルチは、「すべてやりたくてやっているわけではありません。いろいろな経緯があってやめられずにいるのです」と答えました。

ドラッカーは次のように続けたと言います。「GEは事業のグローバル化を考えていると伺いました。本気ならば、世界で一位か二位になれる価値のないものはすべてやめてしまったらいかがでしょうか」。

有名な**一位二位戦略**はこうして始まったと言います。たんに世界で一位か二位になれるかどうかではなく、世界で一位か二位になるつもりの真に価値ある事業以外にリソースを注力しない戦略です。実際にGEは停滞から再び成長軌道に乗っていったと言われています。論点はグローバル市場での製品の特化を促した「選択と集中」のみではありません。最初に、「体系的に陳腐化の主導権をとり、何を捨てるか」を促した点にあります。

チームや部でも、有効性を失った行動を定期的に見直し廃棄していくのはマネジャーにしかできない役割の一つです。「わかりきった答えが正しいことはほとんどない」ことを胸にとめるべきです。今日行っている業務のうち、やめてしまって支障のないものはどれくらいあるでしょうか。もし一からすべてを始めるとしたら、今日行うことのどれくらいが真に生産的なものなのでしょうか。

3 武器③——意思決定

見解から始めよ

意思決定について、知っているかどうかだけで、成果の品質ががらりと変わってきます。

第一に、意思決定を行うにあたっては、意見すなわち見解からスタートせよと述べています。事実ではなく、見解から始めよと言っているのです。

見解から始める？　どのようなことでしょうか。

実は、現実をつくっているのは、見解です。現実が本来的に多様なのは、見解が一人ひとり違うからでしょう。同じものごとであったとしても、人によって見え方は異なります。同じお店でも、売り手から見るのと買い手から見るのとで違うものが見える。現実とはありのままの事実ではなく、個々人の経験、価値観、美意識などのフィルターを介して意味づけられた主観にほかなりません。

言い換えれば、見解は、どれほど説得的な意見であろうとも、検証されていない仮説以上ではないことをも意味します。仮説であるならば、まだ理解されていない決定要因が無数にあることを知っておかなければならない。

GMの最高レベルの会議で、CEOのアルフレッド・スローンが、「それではこの決定に関しては、意見が完全に一致していると了解してよろしいか?」と聞き、全員がうなずいたとき、「それでは、この問題について、異なる見解を引き出し、この決定がいかなる意味をもつか、もっとよく理解するための時間が必要と思われるので、決定を次回まで延期したい」と覆す場面をドラッカーは目にしています。

アルフレッド・スローン(1875〜1966年)

ゼネラルモーターズ(GM)で長年社長を務め、同社を全米のみならず世界最大級の製造業企業へと成長させた経営者。大量生産方式の洗練、利益率を上げる会計手法の導入、モデルチェンジなどのマーケティング手法の導入などによりGMを拡大させ、他社の経営にも大きな影響を与えた。ドラッカーとは個人的な交流があった。

スローンの意味するところは何か。

良い意思決定と満場一致は両立しない。反対に言えば、私たちには見えていない現実が無数にある。唯一絶対の正しい意思決定などない。

応用例として、人事についての方法があります。人事論について『ハーバード・ビジネス・レビュー』「人事の秘訣――守るべき五つの手順」で、ドラッカーは次のステップを提案しています。

1. 仕事の中身をつめること
2. 候補者を複数用意すること
3. 候補者を正しく判断する
4. 知っている者何人かから考えを聞く
5. 発令の数か月後、仕事の中身を理解しているかを確認すること。新しいポストで何を行うつもりかを聞く

反対意見を利用する――生産的な葛藤

「人の意見をそんなに寛容に聞いたら、選択肢ばかりが増えて、ぜんぜん決められないのではないか――」

狭い世界からの脱却法――スローンの会議術

人は偉くなるほどに世界が広くなると考えます。錯覚です。

上に行けば行くほど、見えなくなります。

直言してくれる人は少なくなります。

しかも、現場から離れていくために、情報に対する感度は下がっていきます。

新入社員と社長とは同じ会社であっても違う見方をしています。

ドラッカーが一九四六年に書いた『企業とは何か』には、GMのCEOだったアルフレッド・スローンが、年に二回、現場の従業員を交えた会議の記述があります。

スローンが自らの視野の狭さを自覚しており、現場方法に的確にアクセスするチャネルを確保していた知恵の表れと見てよいでしょう。

「全会不一致」の原則に表れています。

重要な案件を決定する際に、「この案に反対する人はいませんか？」と問いを投げかけます。

誰も反対する人がいなければ、「では、決定は次回にしよう」と言って決裁を見送った。

なぜ反対意見のない決定をスローンは避けたのか。

反対意見がないということは、全員が現実の一つの側面しか見ていない、もしくは何も見ていないからです。

現実には多様な側面があります。

本人にとっては快い香水の匂いが、隣の人には耐えがたい。自分にとって快い音楽が、他人にとっては苦痛にもなる。

反対意見がないほうがどうかしている。

だからわざわざ「反対意見をもつ人はいませんか？」と訊いたのです。


こんなふうに思われるかもしれません。

その通りです。人の意見を聞けば対立や葛藤は避けて通れません。

しかし求めるべきは「生産的な対立」であり、「生産的な葛藤」です。

通常の役員会にも異なる意見の代表者を入れて、社長の意見がいかに理屈が通っていようと、疑問をはっきりと口にできるようにすべきだとドラッカーは指摘しています。

一般的に言えば、全員一致なら文句なしで最終決定だと思うのですが、ドラッカーは正反対

Q この案に反対する人はいませんか？

を推奨しています。確かに全会一致は理論的には望ましく見える。けれども、見方を変えれば、全員が同じ前提でしか見ていない。非現実的な前提で全員が見ているということは十分にありうるわけで、いざそうなったときどうにも対処のしようがなくなってしまう。全員一致が危険なのはその点です。反対意見があって、いろいろな意見があるほうが、ずっと応用が効きます。ドラッカー研究者の上田惇生氏は、「生産的な意思決定を行うためには、わざと百家争鳴状態を起こす」と表現していました。

松井忠三氏は、『無印良品の、人の育て方』（ＫＡＤＯＫＡＷＡ）では、「仕組まれた修羅場」が人を成長させると述べています。仕組まれた修羅場においては、反対意見や異なる視点などは、意思決定の障害ではなく、可能性の提示として歓迎すべきものと見ます。それは、意識的に働く人々の中に葛藤を引き入れることが、結局人を育てる培養器になるためです。松井氏は、「部下からの反論は八割正しい」「絶え間ない異動が人を育てる」「入社三年で店長を任せる」「海外短期研修は計画づくりから本人任せ」など、生産的葛藤の仕組み化を提案しています。

取り返しのつかない意思決定上の失敗につきまとうのは、さしたる思考もなく即決されたこと、満場一致で決定されたことのいずれかです。本来意思決定とは、多様な角度から検討を要するだけに、時間も手間もかかる。スピード経営の美名のもとに即決するのは、ドラッカー的には噴飯ものの無責任です。しかも、愚かな意思決定は取り返しが効きません。

シャーロック・ホームズの作品に「人は自らの理論に合うように、知らず知らずのうちに現実のほうを曲げてしまうものだ」という一文があります。「こうあってほしい」（願望）が、「そうあるべき」（当為）に変わり、やがて「そうである」（事実）に置き換えられていく。

希望的観測が事実にすり替えられるのは日常よく目にすることです。

戦時中の日本などでも、「勝ったほうがいい」が、いつしか「正義は勝つ」に置き換えられて、敗戦への道を突き進んでいったのです。警戒すべきは満場一致です。満場一致とは、誰もが同じ現実しか見ていない、すなわち願望を現実に置き換える儀式のようなもの。とくに、美しい提案、理路整然とした美しい説明には警戒しなければなりません。思い込みに装飾的な理屈をつけただけではないかと疑うべきです。

4 武器④——強みを生かす

強みに目を向ける

「強みに目を向ける」——。

言われてみれば何ということはなく感じられます。

しかし、よくよく見てみれば、「革命」と言っていいパワフルな見方であることがわかります。とくに日本社会は今もって精神主義が根強い社会です。精神主義では、「忍耐」「努力」などが重視されます。同時に、「一致団結」などの集団主義、必勝主義などの強迫観念もその派生形と見てよいのです。私たちはあまりに徹底的に精神主義的価値観を叩き込まれて、かつ慣らされています。

一方で、「強みを生かしなさい」と学校などで言われたことはあるでしょうか。少なくとも筆者にはありません。強みという言葉自体、ドラッカーを読むまで知らなかったほどです。まして、強みに目を向け、生かすなど、頭に浮かんだことさえありませんでした。

ドラッカーのマネジメントの大原則は、「強みを生かす」です。組織づくりの醍醐味は、人の強みを生かし、弱みを意味のないものにできることです。

「弱みを意味のないものにする」。

どのようなことか。

どんな人にも弱みはあります。人は問題を起こします。欠点や不得意、人間的な弱さや脆さをもたない人など世の中には一人もいません。誰もが救いがたい泣き所を抱えて生きているのです。誰でも生身の人間ですから。だからなおさら、強みを見るようにと言うのです。弱みに目を向けていたら人生など何ダースあっても足りません。

外に出て人と話すのが苦手な社員は、社内で得意なことに注力すればいい。反対に緻密なデスクワークを苦手とする人もいます。外に出て得意なことに全力を傾ければいい。弱みを克服する必要などありません。全員が強みを伸ばして、フルに活用すれば最高のチームができる。

実にシンプルです。

組織やチームにしても、人が中心にいます。これぱかりは、どれほどAIや情報化が進んでも変わりようがありません。むしろ知識が中心になればなるほど、人のもつ重みは大きくなっていきます。知識社会で人が価値をもつのは、個々の中に眠る強みのためです。個の中にある強みを生かす。それが知識社会におけるマネジメントの最大の責任とドラッカーは断言します。反対に言えば、強みを生かせないマネジメントは、社会に対して無責任です。

「並の分野での能力の向上に無駄な時間を使うことをやめることである。自らの強みに集中すべきである。無能を並の水準にするためには、一流を超一流にするよりも、はるかに多くのエネルギーを必要とする」（『明日を支配するもの』）

私たちの社会においては、しばしば弱みにばかり目が行ってしまう傾

『明日を支配するもの』
ドラッカーによる1999年の著作。21世紀に向けて、ビジネスの前提や現実が変わったことを知らせた。個人の生き方と働き方にフォーカスし、フィードバック分析の方法や第二の人生の助走の必要を説いている。

向は否定できません。「何がうまくいかなかったか」「このような理由でうまくいかなったのではないか」。ひどくすると、「あの人だからうまくいかなかったのだ」などと個人的な非難が行われることもあります。

もちろんうまくいかなかったことを反省して次に生かすことは大切です。しかし、それ以上に、何ができたか、機会は何かを見出し、そこを伸ばしていくほうがはるかに楽だし、はるかに生産的です。

ところが、「強み」の存在が知られるようになったのはつい最近のこと。いまだ常識になったとは言えません。学校では「好き嫌いなく」平均的に八〇点をとる教育が行われています。会社においても、強みを伸ばすよりも、弱みを克服することにとらわれてしまっています。

もう一つ。強みを知ることは働き始めたばかりの若いうちには容易ではありません。強みは実践と反省の中で現れ、鍛えられるからです。いくら頭の中で一生懸命考えても、強みはわかりません。これといった実績のない若い社員に対して、ドラッカーは「この半年間を振り返って、思っていたよりもよくできたことはありませんでしたか?」と質問していたと言います。この視点は大切です。にもかかわらず、多くの人は、よくできたこと、うまくできたことが何かなど考えたこともなかった。

自らの得るべき所を子供の頃から知る人はわずかしかいません。歌舞伎役者、ピアニスト、寿司職人などは小さい頃には決まっていることがあります。医者は一〇代には決めています。

しかしその他の仕事では、非常な能力を秘めていてさえ、自らの得るべき所を知るのは二〇代半ばをかなり過ぎてからです。三〇歳でもかなり早いほうです。しかも後述するフィードバック分析を行うことによってです。そうして初めて、得意なことや自分流の仕事の仕方や、自分の価値もわかってきます。

強みに意識が向けば、得るべき所は明らかになります。逆にいるべきでないところも明らかになります。

人を選ぶ

ドラッカーは次のように述べています。

「人事に完全無欠はありえないが、限りなく一〇割に近づけることはできる。人こそもっともよく知られた分野だからである」(『チェンジ・リーダーの条件』)

人事は組織の深い部分に影響を及ぼします。他の人がどう遇され報われるかを見て、自らの態度と行動を決めるからです。誰が出世するかは、組織の風土形成にとって決定的な意味を結果としてもってしまう。茶坊主やごますりの人間が昇進するならば、口先だけで行動の伴わない企業文化を育てているのと同じことになります。人事にかかわる責任は果てしなく重いのです。

人事は一〇割に近づけることができるとドラッカーは言います。強みを生かす。ドラッカーにおけるマネジメントの鉄則ともいえる見方の一つです。けれども、大切なのは知りつつも、なかなか強みを生かすのはむずかしい。

自分自身の強みももちろん、他者の強みに気づき、働きかけていくためにはどうすればよいか。

マネジャーもふつうの人間であって、本人もさまざまな強みをもつとともに、弱みをもちます。正確には強みと弱みは同じ井戸から汲み上げられた水です。ドラッカーの翻訳者であった上田惇生氏は、しばしば「若い頃の癖が、成熟とともに味に変わる」と述べていました。問題はどう発見し利用するかにあります。

ドラッカーは若い頃、新聞記者時代に強みを直視する上司と出会ったことで自分の可能性を展開できるようになった経験を記しています。その上司は人好きのするタイプではなく、むしろ気難しいタイプの人であったようです。

強みを生かすとは、部下と仲良くすることではありません。理解には努めますが、どこまでも意味があるのは強みを冷徹に見る力に尽きます。

つい情に流されそうになったり、判断に曇りが出そうになったときは、「ちょっと待てよ、この人の本当の強みは何なのだろう。本当にできたことは何なのだろう」と立ち止まって時間をとって見る。こと人に関することは時間がかかるものです。自分は人を見る才能があるとうぬぼれると、手痛いしっぺ返しを食うことになります。

部下の卓越した仕事は何だったか、人にも耳を傾け、きちんとメモを取って見ていくことが、安易な対症療法から身を守ってくれます。

成果を相手にする

人と仲良くするのは結構ですが、会社は人と仲良くするためにある場でありません。とくにマネジャーやプロフェッショナルとして、会社とは責任をもって成果をあげる場です。優先順位さえわかれば、次のスローンの対人姿勢が理解可能なものとなります。

スローンにもドラッカーにも共通することは、成果を中心に置きながらも、温かな人間関係をもっていたことにあります。スローンは、社内ではやや冷たく見られていましたが、一人の人間としては人情家でした。ドラッカーも成果を中心に置きつつも、彼からの手紙の冒頭はどんなときも相手や家族への心温まる気遣いに終始するのが常でした。

この半年間を振り返って、思っていたよりもよくできたことはありませんでしたか？

ただし、日本の組織の場合、しばしば公私の相互流通した「情実」に陥る傾向が指摘されます。適度ならばよいでしょう。問題は、人間関係重視の行き過ぎによります。ドラッカーも戦後日本を訪れ、日本の経営を絶賛していた時期があります。会社がコミュニティとしても機能しており、社会を構成する人たちに働く場所とともに、居場所を提供するというのが理由でした。

しかし、一九八〇年代にもなると、明らかな日本の経営の公私混同が過激に行き過ぎ、ドラッカーは明確な批判に転ずるようになります。

実は日本の情実や公私混同は第二次大戦時も大きな問題として立ち現れ、ついには日本を破滅に追いやった要因でもあったのです。

大東亜戦争の失敗を組織論的・戦略論的に分析した『失敗の本質』において、日本固有の集団主義、すなわち上層部同士の属人的な人間関係がさまざまな重要な意思決定に作用し、結果として最悪の事態を招いた事実が記述されています。

日本の戦争を指導した人々には**成果を現実にフィードバックする**発想が致命的に欠落していました。必勝主義者たちは失敗を受け入れられなかったのです。

人を生かし、人を大切にするというと、つい日本人は、人情論に傾いてしまいます。『失敗の本質』でも、人情論に屈した軍指導者たちが、状況の把握を誤り、やがて戦争を失敗に導いたことが指摘されています。戦争指導者たちのほとんどが、陸軍大学校や海軍兵学校時代の同窓エリートであり、「お仲間」でした。仲間内に甘く、情実の論理を優先させたために、「王より飛車をかわいがる」文化が蔓延していたのです。それで「人を大切にする」など噴飯ものの虚妄にほかなりません。

ドラッカーは確かに、「人を大切にする」ことを重視しています。しかし、「人を大切にする」と人情論は断じて異なります。

「一流のチームをつくる者は、直接の同僚や部下とは親しくしないということである。好き嫌いではなく何をできるかで人を選ぶということは、調和ではなく成果を求めるということである。そのため彼らは、仕事上近い人間とは距離を置く」（『経営者の条件』）

結果として仲良くなることは結構なことです。けれども、人は仲良くするために会社にやってくるわけではありません。

言い換えれば、人の強みを生かして成果をあげさせられないならば、マネジメントの無責任・無能です。

『経営者の条件』

ドラッカーによる1967年の著作。今日の社会の中心は、組織とともに働く一人ひとりの人間であるとし、全員が経営者のように働かなければ社会の発展はないと説く。成果をあげるための方法は誰もが学ぶことができるとし、そのための方法を解説している。いわば万人のための帝王学を開示した書物として現在も広く読まれている。

ドラッカーは厳しいのです。徹底的した成果主義といってよい。「**強みに築く**（Build on your strength）」は、ドラッカーによるマネジメントの鉄則です。

強みを生かすという最大の責任をマネジメントは負っている。医師や弁護士のクライアントに対する責任と何ら変わるものではありません。言うまでもなく、プロ同士は仲良くするために集まっているわけではありませんから、まずもって、チームや人の成果を保持し、強みを伸ばすことに集中しなければなりません。

組織の中では多様な強みが現に存在しています。不測の事態にあって、衝撃を受け止めつつはね返すしなやかな強さをもつ。そのために、たくさんの強みが社内にあるほうがよいのは間違いのないところでしょう。

自分に似た者を後継者にしていくとすれば、次第に社内には似た者同士しか残らないことになります。想像もできない横波に襲われたらあえなく転覆は避けられません。

人が喜んで働くような環境をどうつくれるか

ドラッカーが提唱した経営手法の中に、歪曲して運用されてしまったものもあります。目標管理です。目標管理の正式名称は、目標と自己統制によるマネジメント（Management by Objectives and Self-Control）です。後段の「Self-Control」自己統制の部分がすっぽりと抜け落ちてしまい、自分のことは棚に上げ、人に目標を与えて管理する。時に、似ても似つかないものになり果てています。

あるいは事業部制もそうです。ドラッカーのいう事業部制は完全独立のカンパニー制です。本社が事業部門長に対して、「自分の言うことを聞け」ではなく、「われわれは何ができるか」を問うものでなければなりません。

ナレッジ・マネジメントなどは近年にいたるまで問題を生んでいます。社員がもっている名刺をかき集めてデータベース化するだけ。

しかし、ドラッカーのいう知識とは、本来人間の中にあります。人から切り離してしまったら、ただのデータに過ぎなくなってしまいます。

根本の問いが抜け落ちると、システムの導入もかえって逆機能に陥ってしまいます。

マネジメントのプリンシプルは、働く人をパートナーと見なします。正社員も非正規も関係ありません。パートやアルバイトさえ関係ありません。

そこに人事の鉄則が透けて見えてきます。一言でいえば、やはり「強みを生かす」に尽きてしまうのです。

とにかくその人が長けていること、強みだけを見る。

ところが、今なお人事で本人の希望を聞くところから始めるなどは少ないものです。制度があったとしても十分に機能する例は稀ではないでしょうか。

「人が喜んで働くような環境をどうつくれるか」

優れた人間ほど間違いは多い

あるインタヴューで、ドラッカーはアメリカの陸軍学校の例を挙げています。射撃の授業で、最初に次のように教わるというのです。

「一発目はわざと上に外しなさい。二発目はわざと下に外しなさい。そして三発目に初めて的を射抜きなさい」。

こんなふうに思わないでしょうか。

「どうして一発で的を射抜けと教えないのだろう？」

理屈ではその通りです。けれども、現実の戦場では確実に的を射抜くためには、二発無駄に見える弾を撃たなければならない。

もちろん二発は本当は無駄ではなく、フィードバックのためです。

現場は不測の試練のカタログです。「大きな失敗をしたことのない人を組織の高い地位に就けてはいけない」とドラッカーは言っています。

失敗をしないということは、フィードバックも学習もないことを意味するからです。

「間違いをしなければ学ぶことはできない。しかも、優れた人間ほど間違いは多い。なぜならば、それだけ新しいことを多くしようとするからである」（『現代の経営』）

これが唯一意味ある問いです。

制度を運営する人事部とは、働く人にとって助手にあたります。人間の可能性など、そう簡単に規定できるものではないのです。一人ひとりの強みを生かし、いきいきと働き、フルに能力を発揮して成果を出すことを助力するのが、人事にとって最大の仕事であるはずです。

とりわけ昨今は、人が採用できなくて困っている。専門的な知識人材などはなかなか採用できず困っている企業が山ほどあります。できる人をどう採用し、流出をいかに防ぐかが知識労働者をめぐる重要な課題になっています。

どんなに優秀な人でも、お金のためにやりたいことを我慢するのでは急速に能力が落ちていきます。

もう一つ、人事についてすぐ役に立つ見方をご紹介します。**「不補充」**です。あるポストが定年退職、死亡、辞職によって空席になっても、自動的に埋めてはならないばかりか、検討さえしてはならない。六~八か月は空席にして手を付けず、補充への強い要求がなければ、そのままポストを廃止する。

ほうっておいても人と仕事が増えていく組織のもつ逆機能対策です。ポストの空きを役割とか地位の必要を見極める機会として利用せよというメッセージなのです。

企業のコンサルティングの中で、ある大手の多国籍メーカーは、ドラッカーの助言を受けて、一二の階層のうち七つを廃止しています。

強み、仕事の仕方、価値観

人が集まれば、いろいろな人がいろいろな問題を生じさせます。しかし対立のほとんどは、互いに相手の仕事、仕事の仕方、力を入れていること、目指すところを知らず、互いに聞きもせず、知らされてもいないためです。

人間の愚かさというよりも、人間のこれまでの歴史のほうに原因があります。ついこの間まで、これらのことは誰にも言う必要がなかったのです。

筆者は埼玉県の農村出身ですので、子供の頃は田んぼの風景が当たり前でした。辺りには田んぼをつくる人がたくさんいました。春になれば田に水が溢れて、苗が植えられていきます。見れば誰でもわかります。わざわざ田植えをしているなどと説明する必要はない。皆が同じことを同じ時期にしていました。

他方、違うことをしていたごくわずかの人たちや特別の技能をもつ人たちは、それぞれ一人で働いていました。やはり自分のすることを説明する必要はありませんでした。

ところが今日では、違うことをする人たちが一緒になって働いています。他の人との関係について責任をもつ重要性を十分認識する人たちでさえ、実際に話したり聞いたりはしていないことが多いものです。押しつけがましい、詮索好き、馬鹿と思われたくないでいます。間違いです。

一緒に働いている人たちのところへ行って、自分の強み、仕事の仕方、価値観、目標を話してみるならば、返ってくる答えは、「聞いてよかった」「どうしてもっと早く言ってくれなかったのか」です。

加えて、「それではあなたの強み、仕事の仕方、価値観、目標について知っておくことは何かないか」と聞いてみるならば、返ってくる答えは同じ種類のものです。

知識労働者たる者はすべて、部下、同僚、チームのメンバーに対し、自分の強みや仕事の仕方に合わせてくれることを頼んでよいのです。すぐに後述しますが、自分が「読み手」ならば書いて伝えてくれるよう、「聞き手」ならば話してくれるよう頼む。事実頼んでみれば、「よく言ってくれた、助かる、どうして早く言ってくれなかったのか」という反応が返ってくるはずです。

特に立場が高くなるほど、「理解すべきは相手の方だ」「自分の言うことだけに意味がある」という上意下達の傲慢に陥り、結果として誰からも信頼も理解もされることなく孤立していく例はあまりにも多いのです。

上司の強みを生かす

マネジャーの仕事を見てきました。身の回りで思い当たることや、経験に符合することがあったのではないでしょうか?

一方でドラッカーの視点には、あまり指摘されないながらも、知っておくと役に立つ見方がいくつもあります。代表的なものをご紹介します。

「上司をマネジメントする」がそれです。

上司をマネジメントする？　逆ではないか？

そう思われるでしょう。上司が部下をマネジメントするのであって、部下が上司をマネジメントするとはどのようなことか。

しかし、上司をマネジメントするとは、なんら不思議ではありません。上司も一人の人間だからです。

会社や組織の中には、トップやそれに近い方々であっても、例外なく上司がいます。報告すべき対象を上司ととらえた場合、会社のトップであっても顧客や株主には報告しなければなりませんから、誰においても上司に相当する存在はいるのです。

多くの場合、上司が部下をマネジメントするというわかりやすい構図に私たちは目が行きがちです。「上司に評価されているか／いないか」「期待されているか／いないか」「気に入られているか／いないか」などに一喜一憂したりします。

あまりに狭く見過ぎています。

マネジメントとは成果をあげるための体系的方法であり、樹全体を成長させていくための活動全体を意味するわけですから、部下の立場にある人でも、上司の強みを生かす、すなわちマネジメントすることは可能なばかりか推奨されるべきなのです。

加えて、上司も人間である以上、強みがある一方で弱みもある。ごく当たり前の事実を知ることです。上司も自分同様に完全な人間ではないのです。

部下としては、上司の弱みではなく、強みを発揮できるようにする。上司の強みを生かして失われるものは何もありません。得るものしかない。逆に言うと、上司の弱みを突いて利益になることなど何もない。

人は弱みによっては何もなしとげられないというのが、マネジメントの基本です。

上司のマネジメントも例外ではありません。反対に上司の強みを生かすことで高い成果を手にすれば、部下も大きな成長機会を得ることになるし、事業の樹の成長にとっても大きな実りが期待できます。

反対に、上司も部下も関係なくドラッカーはマネジメントに向かない人の条件の一つに、「弱みばかりを見る」を挙げています。弱みを見ていると、結果として、「失敗しなかったこと」が第一の評価軸になってしまいます。樹をいきいきと成長させることはできませんし、意欲を

あなたの強み、仕事の仕方、価値観、目標について知っておくことは何かないですか?

古いゴムのようにこわばったものにしてしまう。

強みが生かされるはずもありません。

「聞き手」か「読み手」か

強みを見るにあたり、最も簡単に始められて効果絶大なのが、「聞き手」か「読み手」かを見ることです。

「一生懸命説明すれば伝わるだろう」という見方は、はっきり言って間違いどころかコミュニケーションの溝を深くします。熱心さがかえって問題を根深くしてしまう。

「聞き手」とは、耳から入る情報を比較的楽に受け入れられる人です。「読み手」とは、目から入る情報を比較的楽に受け入れられる人です。おおむね人は生来いずれかにできているようです。

「読み手」が「聞き手」に変わることは稀です。逆もしかりです。しかし報告するほうとしては、報告書を書いたり、あるいは口頭で説明する能力は、一応の水準にまでもっていけるはずです。上司が仕事をしやすくすることは、部下の務めです。上司を観察し、彼らの強み、仕事の仕方、価値観を見るだけでよいのです。上司をマネジメントするうえでの秘訣です。変えるべきは、自分が採用する方法のほうであり、ちょっとした工夫が、マネジメントの有効性を増幅させる力をもちます。

私たちは「読み手」か「聞き手」かを知っているだけで、大きなコミュニケーションに伴う優位性を手にすることができます。

情報共有は言ったか言わなかったかではありません。理解してもらえたか理解してもらえなかったかにあります。上司が「読み手」か「聞き手」かを腰を据えて観察する。そこから始めることをお勧めします。

「読み手」の上司は、メモやレポートなど目からの情報が楽です。そのような上司に口頭で報告や情報共有をしても、つい面倒になって後回しになったり、理解してもらえなかったりという事態は頻繁に起こります。

「聞き手」の上司にとっては聞くほうが楽です。文字を追いかけるのにはなんとなくストレスを感じます。

上司が「読み手」ならば、どんなに熱意を込めて丁寧に口頭で報告しても、ほとんど効果がありません。上司は何も理解しませんし、わかったように見えてもすぐに忘れてしまいます。代わりに資料のかたちで報告したらどうなるか。どんなに分厚い報告資料でも、いつの間にか読んでいて内容を理解してくれるでしょう。

「聞く」ときが楽ですか？ 「読む」ときが楽ですか？

反対に、「聞き手」の上司には、資料で報告しても理解してもらえません。文章を読んでもなぜか頭に残らないのです。

口頭で丁寧に説明することです。きちんと理解してくれるはずです。

上司も生身の人間という前提をもつことで見えてくるアプローチです。

「上司はどんな強みをもっているのだろう?」

「上司の強みを発揮するためにどんなサポートが必要だろう?」

「上司は『読み手』だろうか?『聞き手』だろうか?」

こんな簡単な問いがしばしばチームや組織の文化を変える力となります。

上司に報告するときのことを想像してみてはいかがでしょうか。

・上司は「聞き手」か「読み手」か

・口頭で報告するときに理解してもらえるか、文書で報告するときに理解してもらえるか

事前に見抜くのです。

転職前の上司が「読み手」だったとします。書くことに慣れています。ところが次の上司が「聞き手」だったらどうでしょう。相も変わらず報告書を書き続けたら——。

もちろんうまくいきません。

ドラッカーが例に挙げるのは、「読み手」だったJ・F・ケネディのもとで働いていた補佐官たちです。次の大統領リンドン・ジョンソンのために同じことをし続けてしまい、何の役にも立たなかった。新しい上司のジョンソンからは、馬鹿、無能、怠惰と見られ、落伍していったと言います。

避ける方法は？

一つしかありません。

上司がどう仕事をしているかを観察するのです。

上司とは、組織図に書かれた肩書や役割を超えた存在です。自分の方法で仕事をする権利をもつ一個の人間です。上司を観察し、仕事の仕方を理解し、上司が成果をあげられるようにする。

数字を先に見なければ何もわからない上司がいます。GMのアルフレッド・スローンがそうでした。経理の出ではなかったものの、マーケティングの勘の鋭いエンジニアであり、数字を見ることは技術屋として身につけていました。

GMには、有能ではあったが、スローンの仕事の仕方を理解していなかったために、トップ

上司に強みを発揮してもらうためにどんなサポートが必要だろう？

経営陣に入れなかった者が三人いたと言われています。スローンに対してはあらかじめ数字を示しておかないかぎり、何を言っても、何を書いても無駄だということを知らなかったのです。

もちろん、自分自身が「聞き手」か「読み手」かをもしっかり見ておくべきです。今までどんなときに理解できたかを思い起こしてみると、たいてい得心がいきます。今まで読むときに理解できたか、聞くときに理解できたか。

わかったことはなるべく周囲に伝える。周囲にとって価値あるコミュニケーション上の情報になるからです。

部下がいれば、「私は聞くときに理解できるから、何かあったら口頭で相談してほしい」とあらかじめ伝えるのです。あるいは、「私にはメールかプリントアウトで報告してほしい」と事前に言うのです。

どれほど無駄な努力から解放されるでしょうか。

マネジメント・レター

ドラッカーの推奨する方法をお伝えしましょう。「マネジメント・レター」（マネジャーの手紙）という方法です。

すでに目標管理について述べました。目標とは「何を見るべきか」についての問いです。上司とのワークショップによって磨き上げ、実際に活動し、一定期間後に照合して成果を確認して、「できたこと／できなかったこと」を見るというものです。

マネジメント・レターは、上司と目線を合わせるための折り紙付きの方法です。目標をめぐって、上司と話し合いを繰り返し、問い直し、練り直しを重ねた結果、次の目標を記載した手紙の形式をとります。部下が上司に対して目標を提示するだけでなく、上司もまた、自らの目標を提示するのです。次頁のシートに記入して共有するのもよいでしょう。

繰り返しになりますが、目標とは問いです。問われた目標の達成に向けて、ともに何ができるかを問う。マネジメント・レターの学習効果は長期的には組織文化の発展にとって大きな力をもたらします。マネジメント・レター自体が、上司による部下のマネジメント、部下による上司のマネジメントを象徴する憲章にあたり、壁に貼って毎日目にしてもいいくらいの価値があります。

もちろん、目標にはさまざまな要因があります。一つひとつについて、自ら見た結果に向かって行動する場合と、上司がさらに上から押し付けられた目標を都合よく丸投げしただけの目標と、どちらがマネジメントの樹をいきいきと成長させてくれるか。考えてみるまでもありま

Q 自分が行っていることで、部下の助けになっていること、逆に邪魔になっていることはないか？

マネジメント・レター

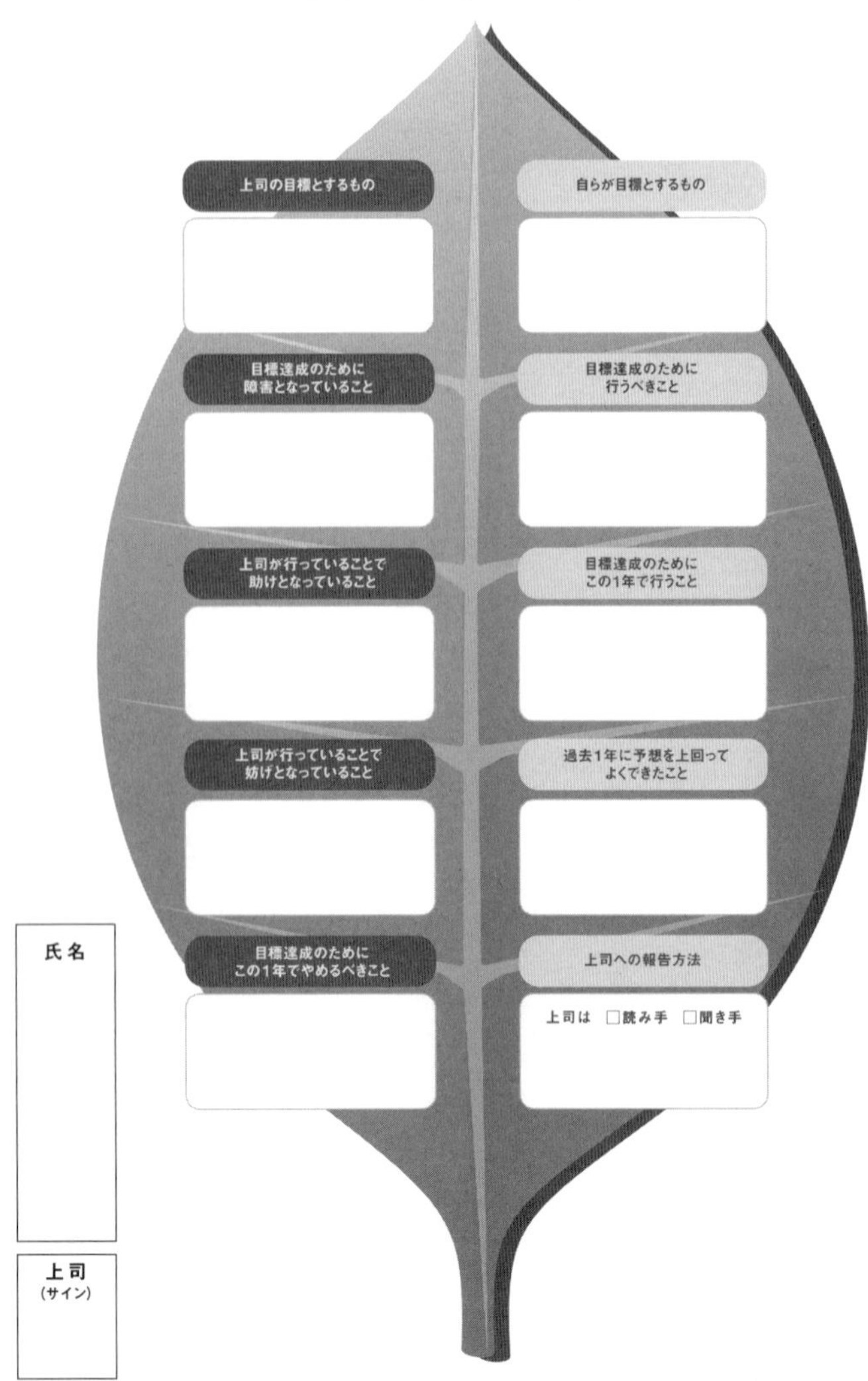

氏名

上司
(サイン)

の樹
所属する部局名
部の成果
部の目的
部の顧客
部の目標
事業部B
事業部A
部局
部局
部局
顧客
事業の目的 / 使命

せんね。

上司の行っていることで、日々の業務で助けとなっていること、反対に、上司自身が、ときに意識することなく障害になっていることについても意見交換します。

上司も人間です。ときに熱心さの結果として、部下の仕事に支障を生むことも十分にありえます。そのことを理解してもらう必要があります。

以前の指示と次回のものが違っていたり、業務中に同じことについて幾度も報告を求められたり、無用の会議への出席などによる時間のロスなどが典型でしょう。知識労働者にとっては、生産性低下の要因です。何にどのような支障が生じているかは上司に誤解の余地なく伝えなければなりません。

上司に対して生産性低下の原因が上司にあると伝えないことは、プロとしては不誠実です。上司も弱みを抱える一人の人間である以上、そうしないと、結果として、組織全体の文化にまで影響を与え、マネジメントを劣化させることになるためです。きちんと伝えて改めてもらうことが部下としての務めです。

もちろん上司も部下からのフィードバックを謙虚に受け止めて、改めるべきところは改めるのが務めです。

年に二回程度、部下には「自分が行っていることで、助けになっていること、逆に邪魔になっていることはないか」と問うのです。

頭で答えを見つけようとするとたいてい間違えます。「こうであるに違いない」と頭で考えたことは、都合のいい後付けに過ぎないことが多いのです。

顧客、上司、部下、誰が相手であるにしても、直接聞いてみて答えを得る。それを習慣にしなければなりません。

時に痛みを伴います。しかしそうしなければならないのです。

優れた人間関係とは、生産的な関係です。「生産的なものが正しい」とのゲーテの格言は真実です。

「自分たちの会社は、何をどう実現させたいと思っているのか」。

上司と部下で同じものを見ること、それ自体が建設的で生産的なコミュニケーションの基盤となってくれるのです。

上司の行っていることで、日々の業務の助けとなっていることは何か？ 反対に障害になっていることはないか？

第3章 リーダーシップの考え方

知らなければならない三つの問い

マネジメントにおいて、リーダーシップ論は多くの研究蓄積があります。MBAなどでも、花形の一つですし、研修などでもリーダーシップは一大山脈を形成しています。

しかし、ことドラッカーについて言うならば、あまりリーダーシップを独立した領域として扱っておらず、どうひいき目に見ても華々しいものではありません。ドラッカーの説くリーダーシップは、他のマネジメント上のコンセプトとの補完関係で意味をもちます。

それでもリーダーシップ論を読んでドラッカーのファンになった経営者も多いと言われており、高い指南力を伴う分野です。

自らのリーダーシップのためだけでなく、昨今話題になっている事業承継や人材育成などにも役立つ見方です。

リーダーシップは一つの仕事である。ドラッカーはそう強調します。そうであるならば、一定の手続きや姿勢を満たせば、誰にでも務まらなければなりません。そのための手続きや姿勢とはどのようなものか。

リーダーシップについて三つのことを知らなければならないと言います。第一に、大事なことは人気ではなく成果であること、第二に、リーダーは目立つ存在であって他の模範であるべきということ、第三に、リーダーシップは地位や特権ではなく責任ということです。

問いの形式に置き換えると次のようになります。

①人気ではなく成果に焦点を合わせているか?
②他の模範となっているか?
③地位や特権でなく、責任に焦点を合わせているか?

繰り返しになりますが、リーダーシップもまた、マネジメントの一部です。要は、リーダーシップの機能が、最終的には人と社会のためにならなければ意味がないのです。

人と社会のためならば、重い責任が伴うのはむしろ当然です。責任ある地位を担っているのは、人と社会がそれを許しているからです。リーダーたる者一人の例外なく、人と社会から借りを負っている。それを自覚すべきです。

現実社会には、有害なリーダーも存在します。典型はカリスマです。「カリスマを警戒せよ」とドラッカーは強く警告を発します。若かった頃目にしたナチズムの実体験から感得した血の警告です。現に、カリスマはリーダーシップとはいささかのかかわりもありません。リーダーは責任を受け入れるのに対して、カリスマはエゴに権力や権限を合わせて人と社会を破壊します。社会を自分の権力獲得の手段にするリーダーほど危険なものはありません。

二〇世紀のカリスマ・リーダーの代表格は、二〇世紀の三悪人とも評される、ヒトラー、スターリン、毛沢東でした。いずれもが人と社会にとってあまりに破壊的でした。カリスマによって破壊された二〇世紀を称して、ドラッカーは「浪費された世紀」と呼んだほどでした。彼らの所業によって失われた命ははかり知れません。

リーダーシップとは縁もゆかりもなかったのは今となっては明らかです。人の不安に乗じるのはたんなるアジテーションにほかなりません。仲良くなって影響を与えることもただの人気取りに過ぎない。

リーダーシップとそうでないものを分けるものは何か。**責任が中心にあるか**。それだけでした。

正体はフォロワーシップ

「受け手に何をしてほしいかの要求であって、人を動かす手段」。ドラッカーはコミュニケーションをこう見ていました。コミュニケーションは情報の発し手ではなく受け手によるとしていたのです。

マネジメントの各論でも幅広く適用される見方です。

マーケティングを顧客の側から見るべきとしたのも同様です。「向こう側の世界」から始まるとしたのです。イノベーションでは、価値を見出す人を中心にとらえ、リーダーシップはフォロワーシップに依拠するとし、戦略とは顧客の側から発想すべきと説く。やはり「向こう側の世界」からです。

根本はコミュニケーションの見方にあります。ドラッカーは禅の公案を紹介しています。

「無人の森で木が倒れたとき音はするか?」

答えは「しない」だと言います。「誰も聞いていないからだ」。音ではなく音波が発生しただけだと。

音とは知覚がなければ音にならない。音を音たらしめるのは、聞き手である。コミュニケーションの急所は、受け手の世界をどう理解するかにあるのです。

リーダーシップも同様です。フォロワーシップ、すなわちリーダーシップを受け入れる人々によって成り立つとドラッカーは見ます。リーダーがリーダーとして働けるのは、フォロワーがいるからです。フォロワーシップこそが有効に機能しなければ、リーダーは何もなしえないのです。

言われてみれば当たり前です。

ついていく人がいなければ、いくらリーダーだといばってみても意味がない。

一般的なリーダーのイメージとは著しく違っています。リーダーシップのある人というと、エネルギッシュで弁舌さわやかな人が想像されます。もちろんリーダーがそうであってはいけない理由はないのですが、フォロワーと関係を構築し、成果をあげるという協働のほうにドラッカーは目を向けているのです。

リーダーの姿勢

では、責任あるリーダーとはどのような存在か。

その資質にも、望ましいもの、望ましくないものがあります。ドラッカーの指摘に添って見ていくことにしましょう。

①弱みに目が行くものをリーダーにしてはいけない

人の強みよりも弱みに目が行くのは、本来的にリーダーの適性がありません。マネジメントの樹の成長のための最重要動因は言うまでもなく**強み**です。

「強みを生かす」

いくら強調してもし過ぎることはないでしょう。

強みは、今でも十分に理解されていない希少資源です。強みを有効に用いていくことを通してしか、樹はいきいきと上に伸びて行くことができません。強みに目が行かないとは、樹のもつ自然な力の否定です。そのような者がリーダーになった場合、組織の文化は確実に腐敗し、荒廃していきます。しかも私の観察によれば、長期にわたって回復は困難です。

弱みに目が行くリーダーは、真摯さの点でも問題を抱えています。またそのようなリーダーを選んだ前のリーダーもまた真摯さに問題を抱えています。

ドラッカーはリーダーの資質として**真摯さ**を最重要視していました。彼は真摯なリーダーを見きわめる方法を教えています。誰かを昇進させようと思ったとき、その人間の下に自分の子供（あるいは大切にしている人）を置きたいかどうかを見てみるとよいと。仕事ができればできるほど、自分の子供はその人に憧れて真似をしようとする。自分自身がそれを望むかどうか。そこを判断基準にしなさいという。

真摯さについては、第5章でも詳しくお話しします。

②頭の良さよりも真摯さを重視しなければならない

真摯さよりも頭の良さを重視する者もリーダーとしての資質に欠けるとドラッカーは見ていました。優秀な部下を脅威に感じて、追放に走る者もリーダーとしての適性に欠けます。自らの仕事に高い基準を設定しないリーダーも、組織文化に対して破壊的です。

マネジメントの基本と原則に照らして見るならば、責任に反するのです。世のため人のため

私は真摯だろうか？

頭の良さより大事なこと

ドラッカーNPO財団の理事をしていたM・ゴールドスミスによれば、数千のリーダー向けアンケート調査から、人との会話の中で、「自分の優秀さ」と「他者の愚かさ」の二つについて六五%も話されていると言います。

世界中どこでも割合は変わらないそうです。

言い換えれば、活躍する人々の会話の六五%は自慢と悪口から成り立っている。

ちょっと衝撃ではないでしょうか。

「人生のミッションはそれぞれ最良の形で成長することだ。頭の良さを誇示することではない」

ゴールドスミスは、ドラッカー本人からこのように言われています。

「最も簡単な自分を成長させる方法は、人の成長に手を貸すことだ」ともドラッカーは述べています。

重い一文です。

「基本として求められる唯一の資質とは、スキル、知識、才能ではない。真摯さである」(『ドラッカー論文集——ピープル・アンド・パフォーマンス』)

にならない以上、顧客や取引先、社員のためにもなりえない。もちろん長い目で見て株主のためにもなりません。

③リーダーを選ぶ条件

リーダーを選ぶときには、次の問いを発すると見えてくるものがあると言います。

①これまでどのように強みを生かしてきたのか？
②組織においてなされるべき重要なことは何か？
③真摯さを備えているか？

良い人間関係とは何か

ドラッカーの推奨する良い人間関係とは、生産的な人間関係です。成果や貢献を生み出す人間関係です。反対に言えば、どんなに仲が良くとも、会社や事業活動においては、成果も貢献も生み出さない関係ならば不毛です。リーダーシップも同様。

マネジメントは人と社会によって成り立っているわけですから、人と社会に焦点を当てたリーダーシップでなければ、「正しさ」を得られないのです。この「正しさ」を少しむずかしい言葉で「**正統性**」と呼びます。

マネジメントは、ある意味での権力です。権力にふさわしいものとして、社会からの理解と納得がなければなりません。現代においては、「強みを生かし、生産的なものとしているか」が権力に伴う正統性をつくるとドラッカーは見ました。リーダーの正統性もまた、生産的なものであったときにのみ成立するということです。

ドラッカーは次のように述べています。

「対人関係の能力をもつことによって良い人間関係がもてるわけではない。自らの仕事や他の関係において、貢献への焦点を重視することによって良い人間関係がもてる。そうして人間関係が生産的となる。生産的であることが良い人間関係の唯一の定義である」
(『経営者の条件』)

生産的であることが良い人間関係の唯一の定義であるとは、日本的なややウェットな文化では言い過ぎのように感じられなくもありません。しかし、組織における人間関係とは、本来は責任を基礎とすべきものであるはずです。何のために会社があって、何のために人がそこにいるか。成果をあげて人間社会に貢献する。それ以外にはありえません。

成果や貢献を見ることのない人間関係は、どんどん内向きになっていき、やがて組織を腐蝕させていきます。熱心であればあるほどに目が外部から内部に向かっていって、結果として非生産的になり、人間関係の悪化に手が付けられなくなる可能性があります。そうなる前に、生産性とは何か、今一度マネジメントのプリンシプルに立ち戻る必要があるのです。

気質と価値観は変えられない

リーダーシップについてもう一つ言えるのは、人の個性を変えるよりも、本来もつ個性を生かす方向で見るべきということです。強みや弱みをはじめとする個性は、仕事に就くはるか前から形成されている。その事実を受け入れることです。たいていは、生まれながらのものか幼少期に形成されたもので、後になって変えることはできません。

「あの人にはリーダーシップがない」とか、「あの人のリーダーシップは弱い」というべきではありません。「あの人にはあの人らしいリーダーシップ、あの人にしかないリーダーシップがある」と言わなければなりません。

なのに、それまでうまくいっていた関係が、他の人的な要因でうまくいかなくなると、当人の努力の問題として、無理に行動や方法を変えさせようとしてしまう。うまくいくはずがありません。

マネジメントは所与のものとしての強み、気質、価値観などの見きわめを勧めます。とんでもない強みをもっている人は、とんでもない弱みを無数にもっている。強みを通して人を生かせるかが腕の見せどころです。

産業にも、組織にも、企業にも、それぞれの価値観があります。一人ひとりの人間にも価値観があります。組織において成果をあげるためには、自分の価値観が組織の価値観になじむものでなければなりません。同じである必要はありませんが、少なくとも共存しうるものでなければならない。さもなければ、働いていても、心楽しまず、成果もあげられません。

強みと仕事の仕方が合わないことはほとんどありません。両者は補完的な関係にあります。ところが、自分の強みと自分の価値観が合わないことはしばしばあります。

自分がよくできること、しかもとくによくできること、おそろしくよくできることが、自分の価値観に合わないことがあります。世の中に貢献する実感が湧かず、人生そのもの、あるいは一部を割くに値しないと思えることさえあります。ドラッカー自身も若い頃、得意であって成功していたことと、価値観の相違に悩んだことがあったと記しています。一九三〇年代の半ば、ロンドンの投資銀行で順風満帆でした。強みを存分に発揮していました。しかしお金儲けでは世の中に貢献する実感が湧かなかったのです。

ドラッカーにとって価値あるものは、金ではなく、人でした。金持ちになることに価値を見出せなかったのでした。大恐慌のさなかにあって他に職があるわけでもなかったし、見通しが立っていたわけでもなかったけれど、銀行を辞めました。正しい行動でした。

人の話を聞く

ありがたいのは、リーダーには特定の資質など必要はなく、姿勢は学べる点です。

リーダーとしての能力の第一が、人の言うことを聞く意欲、能力、姿勢であると言います。聞くことはスキルではなく姿勢です。誰にでもできます。必要なことは、自らの口を閉ざすことだけです。

リーダーの見方をフォロワーに理解してもらえなければ、リーダーシップは発揮されようがありません。自分を理解してもらうためには、まず人の話を聞かなければならない。

第二が、コミュニケーションの意欲、考え方を他者に理解してもらう意欲です。大変な忍耐を要します。

第三が、言い訳をしない。自分が間違っていたと言えなければなりません。

第四が、仕事の重要性に比べて、自分などとるに足りないことを認識する。リーダーは自分を仕事の下に置かなければなりません。

「職務の重要性に比べれば、自分自身のことなどとるに足りないことを自ら認識しようとする意欲がある。リーダーには客観性、一種の分離感が必要である。自らを職務の下に置かなければならない。職務と自らを一体化してはならない。職務はリーダーの身よりははるかに重要なものであり、また別個のものである」(『非営利組織の経営』)

リーダーには仕事を自らの上に置くこと、自分を仕事のためのサーバントとする姿勢がなければならない。知ってさえいれば誰でもできます。

しかし熱心なリーダーほど仕事と自分の境目を見失うものです。

リーダーは責任を伴うとともに、影響力をもつ存在でもあります。エレベーターやランチ時の何気ない一言やふるまいや冗談さえ思いもしない形で周囲に影響力をもってしまうのは日常です。リーダーは周囲とは距離を維持して、成果をあげることに力を注ぐべきです。リーダーはフォロワーとともに、強みをフル活用して成果をあげてもらうのが仕事です。愉快な冗談で場を和ませたり、颯爽としたスピーチで人を感心させるために雇われているわけではありません。

リーダーシップが機能すればするほど、結果として多くの人への影響をもつことになります。リーダーが気をつけなければならないのは、良い人間関係をつくることにあまりにもエネルギーを用い過ぎることです。メンバーの仲が良いのは悪いことではありませんが、成果が出なければあだ花に終わります。

ドラッカーは次のように述べています。

「仕事上の関係において成果がなければ、温かな会話や感情も

『非営利組織の経営』
ドラッカーによる1990年の著作。NPOの役割の増大を予告し、そのマネジメントの方法を明らかにしている。現在もなお、NPO関係の基本書として定着している。第一線の実践家や理論家との対談も多く収載されている。

無意味である。貧しい関係のとりつくろいに過ぎない。逆に関係者全員に成果をもたらす関係であれば、失礼な言葉であっても人間関係を壊すことはない」（『経営者の条件』）

船長の仕事とは目的とする港まで船を責任をもって導くことです。船員と仲良くすることではありません。

第4章 戦略の考え方

1 「向こう側の世界」から始まる

顧客は何を見ているか

戦略とは本来軍事用語です。そのせいかドラッカーには軍隊を例に説明する箇所があります。軍隊では、敵側から見える自軍の分析からスタートする、というものです。

「戦略は常に向こう側の世界からスタートする。数千年も前から、戦いのための戦略は自軍ではなく敵軍の分析から入るべきことを教えていた」（『非営利組織の経営』）

戦略では自分から見えたものよりも、向こう側から見える現実が意味をもちます。考えてみれば当たり前で、敵がどのような装備をもっており、どのような補給路を確保しており、どのような地形にどのような布陣を敷いているかによって、自軍の活動は自ずから異なるからです。向こう側の世界の視点を探索せよということです。

向こう側の世界を知るとはどのようなことでしょうか。

売り手と買い手では見ている現実は違う。この事実を認識することです。多くの場合売り手が売っているつもりのものを買い手が買っていることは稀とさえドラッカーは見ていました。顧客には顧客の世界があって、買った真の理由は顧客当人しか知らない。直接出向いて行って聞かなければ、顧客を知ることはできない。

戦略はもとよりマーケティングとか、イノベーションなどにも応用可能な見方です。人に自分を理解してもらうより先に、自分のほうが人を理解してしまおうというスリリングかつ知的なアプローチでもあります。

相手がお客さんであれ、上司であれ、自分と相手は同じ人ではないのが基本前提です。ならば、誤解や気持ちのすれ違いなど日常茶飯事、むしろ一発でわかりあえるほうが奇跡と知るのに天才的な洞察力は必要とされません。

「相手は、何を言いたいのか」「何を求めているのか」「何を期待しているのか」「何に価値を感じているのか」。

理解に努めるのは自分自身のほうです。ポイントは、生まれも育ちも価値観も文化も時には宗教も、要はありとあらゆる生活上のバックグラウンドが「違う」前提で始める。私の常識は相手の非常識というところから始めるのです。

実際にやってみるとわかることですが、かなり現実的な想定です。

もう一つ、相手の立場を理解するにあたりどちらが正しいか間違っているかという見方は禁じ手です。大切なのは、いかに的確に、向こう側の世界を理解できるかにあります。

こちらから理解しようとすると、自動的に聞く側に回ることが多くなるのは自然の理です。ここでも問いが意味をもちます。

例としてドラッカーが挙げているものを一つご紹介しましょう。**ブライアン看護師のルール**です。ある病院で、新任の病院長が初めての会議で目にしたことでした。むずかしい議題の検討が行われ、満足できる解決策がまとまったと思ったとき、出席者の一人が「ブライアン看護師のルールに合っていますか？」と発言しました。発言をきっかけに、再び検討が始まり、はるかに良い解決策にまとまったというのです。

病院長が周囲に聞いてみたところ、ブライアン看護師とは何年も前に退職したベテランの女性であったことがわかりました。とくに看護師長などの管理職に就いたこともありませんでしたが、ブライアン看護師は、二言目には「それは患者さんにとって一番良いことでしょうか？」と聞いたのだと言います。

事実として、ブライアン看護師の受けもつ病棟では患者の回復が早いことが知られていました。こうしていつしか病院中に「ブライアン看護師のルール」と呼ばれるものが浸透していったと言います。誰もが、何か考えに行き詰まると「それは患者さんにとって一番良いことでしょうか?」と考えるようになったわけです。

ブライアン看護師のルールは、「向こう側の世界」に焦点を合わせるべきとする戦略発想の基本を教えてくれます。

流通チャネルこそが顧客

戦略についての見方は『創造する経営者』(一九六四年)に書かれています。同書は世界中の企業、政府機関等、組織のコンサルティングを行った豊富な経験をもとに、事業展開の方法について明らかにした、経営戦略の名著です。

即効性ある見方を一つ紹介します。「流通チャネルは顧客そのものである」という見解です。流通チャネルとは顧客からすれば、商店やコンビニやネットなど「商品を受け取ったり価値を感じたりする場」のことです。

同じ品質のチョコレートでもバレンタインデーとそれ以外の日では価値は異なります。商品

Q それはお客さんにとって一番良いことでしょうか?

の意味が違ってくるからです。言い換えれば、顧客が喜んで支払うのはもの自体というよりは、背後にある意味に反応していることがわかります。

品質が良くて値段も手ごろ、サービスもすばらしいお店があるとします。けれども、あまりお客さんが来てくれない。理由をお客さんに聞いてみたところ、品物やサービスはいいのだけれど、駐車場が入りにくく、しかも狭いという回答が多かった。

これは典型的な流通チャネルの重要性を示しています。駐車場の入りやすさは、時には商品やサービスよりも顧客にとって大きな意味をもちます。

あるいは、レストランやカフェなどで、クレジットカードや電子決済を取り扱っていないというだけで、お客さんが店に入る気が失せるのも似た例でしょう。私自身も、ネットで買おうと思ったチケットを、手続きの面倒さから断念せざるをえなかった経験が何度もあります。

ホームページやSNSにも言えます。せっかく良い製品やサービスをそろえているのに、デザインが今一つだったり、スマホ対応になっていなかったりというだけで、成果が激減するなどよく聞く話です。

『創造する経営者』
ドラッカーによる1964年の著作。豊富なコンサルティング経験をもとに、事業の展開方法を明らかにした書物。主として経営戦略が語られており、ビジネスに「戦略」の語を最初に使用した著作でもある。

顧客から何が見えているかがすべてといっていいでしょう。

インターネットが人々の手に渡ってから、現実の書店や家電量販店は維持管理に巨額のコストを要するショールームになった観があります。実物は店舗で見て、気に入ったものを見つけるや否やおもむろに懐からスマホを取り出し、Amazonなどで注文する。流通チャネルの変化が行動を変えた例です。

映画も現在では映画館だけではなく、家でAmazon PrimeやNetflixなどで観ていますし、別の作業をしながら「ながら見」する人も少なくありません。あるいは電車などの移動中にスマホで観ている人も多くいます。これなどは消費者の使用シーンや購入場面を現在進行形でとらえていかなければ見えてきません。人と社会からどう見えるか。流通チャネル論の本質にある見方です。

反対に供給側からすれば品質に優れて値段も手ごろなら半ば自動的に売れると思ってしまいがちです。

商品は顧客創造のプロセスの一部に過ぎないのです。裏返して言えば、どんなに優れた商品や、有力な大企業であったとしても、極論してしまえば、流通チャネルにぶら下がっているだけです。流通チャネルがなければ顧客から知られることさえないからです。

流通チャネルのやっかいなところは、供給側がコントロールできない点にあります。

製品やサービス、組織や人事は企業の側の都合で変えることができます。けれども、流通チャネルは人と社会、すなわち「向こう側の世界」にあるもので、企業の勝手な都合で変えてしまうことはできません。

流通チャネルを変えようなど、報われる見込みのない努力です。

『創造する経営者』ではあまり指摘されることのない企業の現実が指摘されています。

1. 利益の流れとコストの流れは同じではない

2. 事業の事象は、成果の九〇%が一〇%の原因から生まれるという社会的事象に特有の分布の仕方をする

3. 利益は売上げに比例し、ほとんどはごくわずかな種類の製品や市場や顧客によってもたらされる

4. コストは作業量に比例し、ほとんどはごくわずかの利益しか生まない、おそらく九〇%という膨大な作業量から生じる

いかがでしょうか——。
顧客の現実にふれる機会のある方なら、いずれも実感としてよく理解できるでしょう。企業の現実を見る限りでは、努力すればするほど成果があがることなどありません。流通チャネルが製品を決めるからです。

にもかかわらず、しばしば自社の製品を間違った流通チャネルにねじ込もうとしてしまう。流通チャネルは自分を変えようなどとは断じて思っていません。合わせなければならないのは製品のほうです。

流通チャネルは、商品を流すパイプではないのです。固有かつ自律的な、独立した世界、顧客そのものなのです。

チャネルごとに顧客がいる

戦略を見ていくうえでも、やはりマネジメントのプリンシプルに立ち返ることが有効です。戦略においては、すでにうまくいっているもの、ドラッカーの言うところの「予期せぬ成功」に着目することです。「予期せぬ成功」は、いかに降って湧いたもののように見えても、「向こう側の世界」で起こっている現実です。そこからさらに「向こう側」で何が進行するかを観察しつつ、その現実に合わせて展開していくことがシンプルでありながら効果的なアプローチです。

Q ここ数年で、考えられないところから降って湧いたように現れた顧客はいなかったか?

「向こう側の世界」に焦点を当てなければ、戦略は機能しません。「向こう側の世界」に親しむためにドラッカーが勧めるのは、何ら目新しい説ではありません。シンプルな問いかけだけです。

「他社はなぜかうまくできないのに、自社はうまくできることはないか？」

「ここ数年で、想像もしなかったほどにうまくいってしまったことはないか？」

「ここ数年で、考えられないところから降って湧いたように現れた顧客はいなかったか？」

2 グランド・ストラテジーを立てる——五つの質問

五つの質問の樹

次に、大きな戦略（グランド・ストラテジー）を見ていくことにしましょう。それらは問いの中の問い、究極の問いという形式で提示されます（『経営者に贈る5つの質問　第2版』）。五つの質問がそれです。五つの質問はドラッカーが最晩年に開発した非営利組織向けの経営ツールでした。非営利組織向けながら、むしろ企業で積極活用されています。非営利組織は、教会、病院、大学、協同組合など、ミッションや理念は立派でもマネジメント不在が少なくなかったためと言われています。

例によって次頁の樹をご覧ください。

五つの質問の樹は、まず事業が置かれた状況や課題、機会の成り立ちを理解し、実践の基礎とします。みんなで見ることを通して、お互いの大切にするものや、見えている現実の違いを理解しながら、ともに考えてみるのです。

では、五つの質問とはどのようなものでしょうか。

①われわれのミッションは何か?
②われわれの顧客は誰か?
③顧客の価値は何か?
④われわれの成果は何か?
⑤われわれの計画は何か?

①われわれのミッションは何か?

ミッションは、五つの質問中唯一の「内部要因」ですから、主語は

『経営者に贈る5つの質問　第2版』
ドラッカー没後の2017年に改訂された著作。ドラッカーが中小の非営利組織のために開発し、企業と政府機関において広く採用された経営ツール「5つの最も重要な質問」を解説している。同書では、若い世代の経営者をはじめ、多様な実践者の解説も付されている。

5つの質問の樹

予期せぬ成功は何か?
真摯さ
❹ われわれの成果は何か?
マーケティング
イノベーション
❸ 顧客の価値は何か?
❺ われわれの計画は何か?
❷ われわれの顧客は誰か?
何を捨てるのか?
❶ われわれのミッションは何か?

どんなときも「われわれ」です。

もちろん内部要因とはいえ、人の意見を聞いてみることも大いに役に立ちます。とくにチームの場合などは、ホワイトボードなどを使って、書いては確かめ、人の意見を聞き、実践し、また戻ってきて修正するというプロセスの中で、鍛え上げていく。マネジメントにおける問いの基本です。

とりわけミッションは、マネジメントの憲法です。

「この会社は何のために、誰のためにあるのか?」

「このプロジェクトは何のためか? 誰のためか?」

根本に立ち返ることを促してくれるのが第一の問いです。ミッションを見るときには、何より対話を要とします。一人の頭の中だけでは完結しません。「われわれは何を大切にしているのだろう?」「われわれは何をすべきなのだろう?」という問いに伴う対話が強力な刺激になります。

このプロジェクトは何のためか? 誰のためか?

加賀見俊夫氏は、『海を越える想像力――東京ディズニーリゾート誕生の物語』(講談社)で、東京ディズニーシーの開園式当日の模様を述べています。朝から雨だった当日、セレモニーの

「ノー」ということ

プロは「ノー」と言える人です。最も初歩的な責任です。しばしばこのシンプルな事実が忘れられます。

できないことをできないというのは――誰もが経験あると思いますが――むずかしいもの。

私の知るある文筆家は、四六時中くる講演依頼をすべて「できない」と言って断っています。

講演家として一流であったことはないし、これから一流になるつもりもないからだと。別の文筆家は、どれほど高額の報酬を提示されても、いわゆるヘイト本と投資の本はやらないと決めていると聞きました。

プロの最初のステップが、「ノー」にあるのは確かです。

強みやミッションと無関係なことについて、ドラッカーは即座に「ノー」と言いました。「できない」と言えるかどうかは、日頃の心がけに依拠しています。

ふだんから自分の強みを見ていれば、ふと来た無理な依頼に対してはっきりと「できません」と言えるし、言わざるをえないからです。

「イエスよりも、ノーと言えるかで、成果があがるかが決まる。仕事が出来る人たちは、それは私の仕事ではないと言える人たちである」（二〇〇五年四月ジャーナリストのブルース・ローゼンステインによるインタヴュー）

まさにその瞬間に一条の光がディズニーシーをスポットのように照らします。その刹那関係者は「ウォルトがきた！」と思った。ウォルトとは創始者のウォルト・ディズニーです。

苦難の道を切り開いてきた関係者のミッションをよく表現しています。

「われわれの仰ぐもの」、ミッションが確固たるものであるために、日本のディズニーはアメリカの模倣ではなく、理念に多くを学びつつも、日本の顧客に対応した無数の工夫を行ってきたのです。

②われわれの顧客は誰か？

ミッションが「内部要因」であるのに対して、顧客は「外部要因」です。

ミッションに伴う問い、「事業とは何のためにあるのか？」へのドラッカーの答えは、「顧客の創造のため」でした。

五つの質問で二つ目に出てくるのは顧客です。マネジメントのフレームワークとしてパワフルなものであり、同時に樹全体の成長に直結します。

顧客は、人と社会に伴う最も切実な現実、現実の中の現実です。顧客の欲求に答えることは、人と社会への現実的応答なのです。

ドラッカーの言う、マーケティング、イノベーション、戦略、フィードバックなど、マネジメントに関するすべてが顧客を幹とするのは、人と社会への貢献というプリンシプルの忠実なる反映なのです。

「顧客は誰か」を見ることは、素朴に見えて実はビッグ・クエスチョン（大きな問い）です。個人として見てみてはいかがでしょうか。「自分は誰を相手にすべきか」「誰を相手にすべきでないか」がわかったときに、一瞬にして人生観が変わってしまったり、進路がくっきりと見えてくることがあります。

「誰を相手にするか」

根本的な態度を決定づける問いです。

友人の葬儀社の社長が話してくれた先代の社長から教えてもらったという話です。葬儀を仕切るとき、何を大切にするべきかを先代に伺ったところ、答えは次のようなものだったと言います。

「あなたが亡くなって棺に横たわっている人だったらと想像しなさい。亡くなった方が見ていたらそうあってほしいと願う葬儀をしなさい。主役は亡くなった方なのだから」。

以来、取り組むうえでの意識が根本的に変わったと話していました。

ただし、人と社会は変化していますから、環境に合わせて「われわれの顧客は誰か」への応答も変化していかなければなりません。

「顧客の行動にはいつも驚かされる」とドラッカーは述べています。今まで大丈夫だったから、今回もこれでいいだろうと思うと、違う反応が返ってくるのはごく日常です。あるいは、世のほんのちょっとした変化によって、顧客の行動が大きく変わってしまうこともあります。顧客は誰かを知るためには、顧客のいる場所に実際に行ってみなければわからない。顧客の行動を観察したり、対話したりする。顧客の内面で何が起こっているかを理解するうえで鍵となる行動です。

ある病院の院長は、実際に一週間自分の病院に入院したと言います。

③顧客の価値は何か？

根から幹までの大きな構造を把握した後、次に見るべきは、「顧客の価値」です。

顧客の価値とは、正確に言えば、「顧客が、自社に対して、どこに価値を感じてくれているか」です。主語は顧客です。顧客がいるのは「向こう側の世界」です。顧客の価値は、顧客しか知りませんから、向こう側まで出向いて行って、観察して、質問してみるしかありません。

現在、顧客の価値を理解し、満たしていても、やがて世の中は変化します。近年の環境変化

Q 私たちは誰を相手にすべきか？　誰を相手にすべきでないか？

で実店舗への買い物が困難になると、ネットスーパーを代わりに利用するなど、顧客の行動は世の中の変化に合わせて変わっていきます。

あるいは、今はさほどはっきりとはしていないけれど、可能性として見えている顧客の価値はないか。「顧客が何に価値を感じてくれているか？」「私たちが長けていることで、別の顧客の役にも立てないか？」

イノベーションの樹が役に立ちます。イノベーションの樹は、可能性としての顧客を見るうえでの視点を七つ挙げていました。問いをサーチライト代わりに顧客の価値を探索していくのです。

1. 予期せぬ成功はないか？
2. ギャップはないか？
3. ニーズはないか？
4. 産業構造の変化はないか？
5. 人口の変化はどうか？
6. 認識の変化は何か？
7. 発明・発見はどうか？

自社の製品やサービスを、5.の人口の変化から見てみたらどうでしょうか。高齢者向けの展開、地方移住者向けのカスタマイズなどで、異なる用途や価値が見えてこないでしょうか。視点や働きかけを、五つの質問の欄外にできるだけたくさん書いていくと何が見えてくるでしょうか。

すべて潜在的であり、問いを差し向けなければ見えてこないものばかりです。

もう一つ、顧客の視点をもつときに、視野を広げるうえで、顧客は何を感じているのかにも目を向ける。顧客は人です。感情があります。どう感じるのか、どう見るかが意思決定や行動の決定要因です。ドラッカーの推奨する「予期せぬ成功」などは、顧客の知覚による価値を知るうえで有効な方法です。

原因はさしあたりわからなくてもいい。そう行動しているだけで十分です。

ドラッカーは成功から学ぶべきという信念をもっていた人です。失敗から学ぶことはすまいと若い頃心に誓ったと記しています。

できなかったことを反省するのも大切には違いないでしょう。しかし、樹をのびのびと成長させるためには、やはりできたことを振り返って、どうやってさらに伸ばすかに知的リソース

私たちが長けていることで、別の顧客の役にも立てないか?

を大胆に割くほうが断然いい。

「なぜだかわからないけれど、こうすると顧客は喜んでくれる」

「なぜだかわからない」

それでいいではありませんか。

わからないものはいくら考えてもわからない。予期しなかったこと、ノンカスタマーなど、自分の認識次元を超えたところに、顧客は生きているのだということ、意外性を顧客創造のために役立てていくことです。

顧客からの何気ない感謝の言葉、批判、コメントなどの中には、顧客の知覚内容が豊富に含有されています。顧客のもついきいきとした感情が購買行動に大きな影響をもつことを教えてくれます。

④われわれの成果は何か?

成果とは、究極のマネジメント尺度です。

成果とは「できたこと」です。「What」への答えです。マネジメントを行う者にとって、未来の指針を示してくれる情報となります。

今一度五つの質問の樹を眺めてみてください。りんご農家が、一生懸命りんごの樹を育てている。土壌を豊かにしたり、幹をさわって健康をチェックしたり、枝ぶりを確認したり、さまざまな観点から全体として樹がいきいきと成長しているかを見ます。結果として、成果としてのりんごが実ることになる。できたりんごは出荷されて多くの家庭に届けられることになります。

成果はりんごです。

良いりんごか、さほどでもないりんごかは、世の中に出ればはっきりとわかってしまいます。逃げも隠れもできません。「あのときは調子が乗らなかった」などと言い訳してもしかたがない。まずいものはまずいのです。成果は外部からにべもない評価にさらされるのです。成果はどんな巧みな言い訳をも粉砕する根源的な力なのです。

実は、成果に伴う目標も、見方が違うのは対話を繰り返してみるとわかります。また、成果と一言で言っても、利益や売上げのように数値として明確なものから、働きがいのような定性的なものまで、実に多様であることもわかってくるはずです。

成果に伴う、定性的な目標については、なるべく「できた／できない」の判断が可能なレベルまで落とし込む必要があります。

価値の判定は外の世界で行われます。良いか悪いかは顧客をはじめ第三者が判断することで

Q なぜだかわからないけれど、お客さんに喜んでもらえたことはなかったか？

す。成果が「外部要因」である事実を受け入れて、自分の前提を一時的に脇に置くことです。もちろん一生懸命取り組んだのは確かであるにしても、ありのままの顧客の評価を受け入れる。毎日練習して、ベストの演奏をするのがプロの演奏家ですが、評価をするのは聴衆です。「私は一生懸命演奏します」というのはプロとしての美しい心がけは表していますが、成果は何も表現していません。

成果の評価軸は「向こう側の世界」にあります。「向こう側の世界」の住人が何を自分や自社の製品・サービス等について語っているかを、自らのマネジメントの樹全体を映し出すものとして観察するのです。自らの活動を自分自身にフィードバックして、新しい気づきをもとに、強みや予期せぬものを未来に対して利用していく。

もちろん簡単ではありません。「向こう側の世界」を相手にする活動が簡単なはずはないのです。

最後に、成果の中にこそ、ミッション、すなわち事業の根底をなす理念が浮かび上がってくるはずです。顧客へのアプローチや価値の実現など、人々の行動を駆り立ててきた熱源はミッションにほかなりません。ミッションが組織文化や習慣の出発点であり、それは成果の中に結晶するのです。

⑤われわれの計画は何か?

四つの質問への答えを手にした後は、次に何をなすべきかが問われます。五つ目の質問「われわれの計画は何か」です。

計画とは次なる行動です。アクション・プランです。

私たちは計画と聞くと、ほとんど反射的に、硬直的で義務的なものを想像してしまいます。しかし、計画は飛行機で言えばフライトレコーダーです。目的地に行くまでに、厳しい天候や、何らかのトラブルがあったら、即座にルート変更を教える機器です。計画は状況に即して柔軟に変えてよく、むしろ変化しないほうがどうかしている。このような計画の見方こそ、複雑性の高いグローバルな知識社会では有効性を増しています。

今日のような変化が激しく、高度に専門化、多元化した事業環境においては、ドラッカーの言うように、誰もがエグゼクティブであることが要求されています。誰もがパイロットです。自らの知識と責任で、次になすべき計画を適宜変更する。①われわれのミッションは何か、②われわれの顧客は誰か、③顧客の価値は何か、④われわれの成果は何か、まで、すなわち根から枝葉までを全体から眺めて、次になすべきことは何かを考え、実践するのです。

中長期に役立つ問いのパワー

五つの質問を見ていると、次の着手ポイントを教えてくれることに気づくことがしばしばあります。

問いのパワーです。

計画を使いこなす秘訣

いったん計画すると、状況に応じて変更したくない気持ちになるのはなぜでしょう。

「必達」「必勝」にしたくなってしまう。

この誘惑は侮れません。

「経営者に贈る五つの質問」の中で、①ミッション、②顧客、③顧客の価値、④成果、⑤計画の順で見るべきとドラッカーは述べました。

状況は変わっていきますから、目標も柔軟に変更せざるをえなくなるのは、むしろ織り込み済み。

むしろ計画は立てた瞬間から変更を運命づけられています。

なぜなら、計画もまた、問いの現実的形式にほかならないからです。

予定の案件が急遽キャンセルされたり、コスト条件をゼロから見直す必要が生じたり、想像もできないライバルが現れたり。

想定外は日常です。

私たちは計画によってどのような価値を実現するのか。

計画と対話しながら、

「今もっと優先させるべき要因は何か?」

「この計画は変更させるべきか？」
「流れに任せるのが得策か？」
など、現実と対話した結果を計画にフィードバックして変更させる方がはるかに「現実的」です。
「計画は絶対に変えてはいけない」というかたくなな思い込みを捨てるとき、計画は真に使えるパワフルなツールになりえます。

結果として、次のミッションの修正や、誰を顧客とすべきかについて助言を与えてくれることもあります。

「予期せぬ成功」などは典型で、偶然かかわったプロジェクトで、同僚や顧客から言われた何気ない一言などは、何であれまさにフィードバック冥利に尽きます。ペンと手帳でメモしておかない手はありません。予期せぬこととは、「向こう側の世界」から届く心温まる手紙なのですから。

五つの質問は、中長期的な計画を見るのに効果的なアプローチです。しばしば現実のビジネス現場では、すぐに成果が求められる傾向にあります。けれども、マネジメントの樹で示された通り、原点は人と社会にあります。人と社会は生態系です。何らかの考えや行動があってから成果が生じるまでにはしかるべき時間を要します。

良い土壌をつくるのには継続的かつ長期の努力を要します。昨日耕した土に今日良いりんごが実ることはありません。しかし一度良い土壌ができてしまえば、後は継続的に優れたりんごを実らせることができるようになるのです。

第5章 知識とは何か

1 知識の見方

ポスト資本主義社会へ

『ポスト資本主義』はドラッカーによる時代認識を示した本です。本書では、一〇〇年、二〇〇年に一度という人類史上の大転換期が洞察されています。

「ポスト」とは、何かの「後」という意味です。一つの時代の後には、もう一つの別の時代がくる。しかし、時代と時代の間には、転換期、すなわち「踊り場」のような時代が来るというのがドラッカーの認識でした。資本主義社会の後の

『ポスト資本主義社会』
ドラッカーによる1993年の著作。数百年に一度の境界を越えた後、次の新しい時代の世界観や価値観、社会構造などを読み解く著作。転換期についての豊かな洞察が示されている。

世界に私たちはすでに突入している、その認識で世の中を観察してみたら何が見えてくるでしょうか。

ドラッカーが一九八九年に刊行した『新しい現実』の冒頭は上記の様子を描いています。イタリアとオーストリアの国境にブレンネル峠という地名があります。大戦時にヒトラーとムッソリーニが会談した場としても知られ、北欧と南欧を分けている古い要所です。外観上はとくに目立つところのない峠なのだけれど、そこを越えると風景も文化も言語も気候もすべてががらりと変わってしまう。

時代にも同じことがあります。ブレンネル峠に相当するのが一九六〇年代後半から二〇二〇年あたりであり、一度越えてしまえばものの見方や価値観など世界の見え方が一変してしまう。ドラッカーはそう指摘するのです。

もちろん歴史的な大変革は一瞬のうちに起こるわけではありません。一八世紀の産業革命がゆっくりと長い時間をかけて文明社会を変えていったように、少しずつ変わっていきます。ドラッカーは一九六〇年代後半から二〇二〇年あたりまでの五〇年間こそ、「踊り場」に当たると述べています。

『新しい現実』
ドラッカーによる1989年の著作。歴史的な風景はひとたび超えてしまうと、経済・社会・政治などの景色が一変することを指摘し、すでに1970年前後に世界はそのような境界を越えたとの洞察が示されている。ソ連崩壊やテロリズムの危険を予告した著作としても知られる。

ただし、知識が中心の時代を迎えた後は完全な安定期はやってこないとも見ていました。知識はいつまでも変化を繰り返すものであり、**変化が常態の時代**に入っていくと見ました。

変化が常態という時代は初めてではありません。一九世紀の第二次産業革命期は多くの技術や産業が生まれました。その後二〇世紀の一九七〇年あたりまでは一九世紀の技術の基盤の上に築かれました。

大変革の時代突入への認識から、ドラッカーはイノベーションの方法を探るようになったと言ってよいでしょう。

大変革期に処するための教養は、一九世紀の延長だったつい最近までの学校教育などでは教えてもらえません。当たり前です。経験もされず体系化もなされていないからです。「いかに変化をつくり出し、自らの機会にするか」などの本当の教養は誰も教えてくれなかったのです。

しかし昨今、知識の進化から、スマホを片手に自分の関心や能力に合わせて学習していく方法も多く現れてきました。そうなると反対に大事になるのは、知識がもつ意味、あるいは知識を学習することの意味を習得する場です。

もう一つ、知識が高度に専門化していくことで生ずる問題と機会があります。全員が同じ知

Q いかにして変化をつくり出し、自らの機会にするか？

識を同じ場所で学ぶとの見方は有効性を保持しえない。適性のない人を一人前にするなどは、大変な時間と労力を要するわりに成果はあがりません。それぞれの人が得意とする分野を徹底して学び、それ以外の分野は適性の高い人に任せる。

これが知識社会の第一のルールです。

知識社会のプレーヤー

知識自体が陳腐化していくのも特徴です。習得すべき知識が新しく見えてくると、三～五年に一度は学校に戻って勉強するなど、日進月歩する知識状況に即応した継続教育が必要となるのです。

では、その中で知識社会におけるプリンシプルとはどのようなものなのでしょうか。

ドラッカーの知識社会論においてはHowの知識、すなわち行動のための情報、成果を生むために専門化した情報の重要性が特筆されます。

ソクラテスの時代にはじまり、いまだに教養科目とされている哲学、思想に対して、そのような実用的な知識は「テクネ」（技能）として、その地位を低く見積もられてきました。実生活や仕事の役に立つテクネは、専門化され過ぎているために、他に応用が効かないとされてきました。また教育できるものではなく、実地訓練での「伝授」しかないものとも理解されてきました。

今日私たちが使っている知識は体系化された専門知識です。体系化されたことで、エンジニアリングや科学的定量的な手法という、汎用性の高い方法論に発展しています。

現在私たちに求められる知識は、森羅万象すべてにかかわりをもちます。かつて高度な数学の知識や、古代の哲学などは大学教授にしか必要がありませんでした。しかし、現在はＩＴや金融、広告、ウェブデザイン、コンサルティングなど、数学や哲学など根本から問い直す素養は多くの知識労働の基本に位置しています。大切なことは、あらゆる知識の中で最も自分が得意とし、最も自分に適した知識を選んで追求していくことです。

知識社会のプレーヤーを知識労働者と言います。知識労働者というと、医師や弁護士、会計士、ジャーナリスト、教師などの頭脳集約的な仕事に就く人々、いわゆる「専門家」が想像されるでしょう。外科医は医学の知識を活用しながら、手術を行い、腫瘍の摘出や縫合を行うことによって患者への貢献を行います。弁護士は法律の知識を活用しながら、法律相談や法廷での弁論など、クライアントのために働きます。「知っているか／知らないか」は成果に決定的な差を生みます。確かに彼らは、知識を使って成果をあげています。

しかし、ドラッカーが意味する知識労働者とは、高度な知識を縦横無尽に使って、華々しく成果をあげる職業人だけを意味するわけではありません。むしろ、農業、流通業、工業などどんな仕事であっても、使い方次第で知識労働として十分機能するというのがドラッカーの見立てでした。

体の動きとして農作業をしていても、作物を栽培し、収穫し、流通させることを知識を使ってトータルに成果に結びつけているならば、立派な知識労働です。同じ農作物をつくっていたとしても、プラットフォームを活用した流通網についての知識があるかないかで、作物の価値は異なるものになるからです。

要は知識系が仕事の中心に位置しているかどうか。

「知っているか／知らないか」で成果は数倍にも十数倍にも違ってくるのです。

知識のマネジメント――三つの役割

専門特化した自分の知識ですべてを説明できると考えるなら、それは錯覚です。一つの知識で全世界を説明できるはずはない。ドラッカーが厳しく戒めているのがその点です。

実用的な知識は、それぞれ独立したままでは役に立たない。自分の知識分野で一流になるとともに、他の知識を知り、異質な知識を組み合わせる知性が意味をもちます。隣りの人がどんな知識を持ち、活用しているかを知っておくことです。

今や一般教養の第一とすべきものは、他者とともに働くための知識、すなわち**マネジメント**です。かつてはトップマネジメントに特有の機能だったマネジメントが、今日の大規模な知識社会においてはあらゆる人の、あらゆる組織単位の、通常の仕事となっています。

知識を生産的に、成果のために活用することは、知識労働者にとっての最大の責任です。に

知識労働者の樹

成果
成果
成果
成果
成果
成果
マネジメント
組織
知識
強み
顧客
顧客
顧客
顧客
知りながら害をなすな（ヒポクラテスの誓い）
自由と責任

もかかわらず、大きな成果をあげている人は少ない。

頭がよく学歴も高い。知識もある。それでも成果をあげることとはあまり関係がありません。なぜか。

知力や頭脳の回転の速さはあくまでも基礎的な資質であり、それらの資質を成果に結びつけるには、成果をあげるための能力がなければなりません。知力や頭の良さは成果の限界を設定するだけです。

理論や抽象化された概念を用いるだけでは限界があります。理論とは無数にある筋道の中で最も太いものに過ぎません。

しかし、現代の世では捨象してよいものなど一つもなく、ものごとの関係性をとらえるには、全体を全体として把握する視点がなければならない。観て、聞いて、感じて、全体としてとらえる力です。ビジネスの世界には一見筋の通ったコンセプトや理論が無数にありますが、トータルで見たとき問題を抱えていることが少なくありません。全体から見て、「これはちょっとおかしいのではないか」といった印象も無視してはいけない。

さらには、知識が役に立てば立つほど、責任の問題を避けることはできません。せっかく知識を使って成果をあげるならば、人と社会の成長に貢献できなければ意味がありません。しかし、知識に伴う責任とは、知識労働者個人の内面にあります。

マネジメントの樹の根本をなすヒポクラテスの誓い「知りながら害をなすな」は本来知識労

働者の代表たる医師の倫理であったことを思い返してください。

知識は責任とともに個の倫理観を要求するのです。

従来の社会では、法律などで強制的にルールを守らせるのが通例でした。法律自体がなかったり整備されていない場合は、責任追及はかないませんでした。

ドラッカーの若い頃、科学者や行政官、芸術家などの知識人がナチス・ドイツに協力するなどめずらしくありませんでした。心の中ではナチスを嫌っていたけれど、社会の中で安心して活動できる環境を得るためにナチス党に入党した学者や芸術家さえいました。

ドラッカーも知識ある者としての責任を放棄した人をたくさん目にしてきました。彼はそのような人たちを「知識人の裏切り」と呼んでいます。

現代のように知識があまりにも豊富な生産資源となってしまうと、知識人の責任は一部の特権階級の責務というより、万人にとっての文化として育てていく必要があります。その一つが、知識のマネジメントです。

知識のマネジメントとは、基本的にはマネジメントの樹で示したプリンシプルと同様です。何よりも、人と社会への貢献、①**自らの組織に特有の使命を果たす**、②**仕事を通じて働く人を生かす**、③**社会的責任を果たす**、です。

知識はマネジメントと同様に、組織によって初めて成果を生み、機能します。とするならば、自分一人の博識をもって誇るのは、人と社会への怠慢と無責任しか意味しないことになります。

4 知識は人と人との間にある

知識の本質は、人と人との関係にあります。

それはコミュニケーションの中でしか生かせません。真剣に他者の知識を理解しようとしないと、知識を生かす感覚は育たないのです。

理解できない知識を否定したり軽蔑したりするのではなく、理解できないほどに知識を尊重する姿勢が求められます。

真の知識は人と人との間にあるからです。

ドラッカーはあらかじめ知恵や知識が人の中にあるとは見ません。

知識社会は、その瞬間に関係性の中で現れるものと見ました。

しばしばドラッカーが好んで例に挙げたオーケストラによる演奏と同様の関係にあります。

ヴァイオリン奏者はオーボエ奏者の音に耳を傾けなければなりません。

関係の中で音をつくっていかなければ、自由で創造的な演奏にならないからです。

「すごい知識だが、むずかし過ぎて誰も理解できない」というのは、知識ある者としての責任からすれば無責任にほかならない。

むしろ知識をどう組織的にコラボレーションし、一般の人々に理解してもらい、コミュニケーションやプロジェクトを通してオープンに利用しうるかが、知識の可能性を生かすとともに、社会への応答責任を果たすことになるのです。

2 知識労働者の生き方、働き方

変化のマネジメント

マネジメントにおいて、世の中で一番大事なのは、人間ということです。仕事も人間が行うものであり、人間のために行うものです。ドラッカー自身、経済学者にならずに、社会生態学者として、社会に関心をもち、社会を動かす企業、政府機関やＮＰＯなどの組織を観察しました。現代社会の哲人と言われるまでになったのも、お金ではなく、人間に対する関心が原点にあったためです。

もちろん社会を有効に機能させることも、人類の長い歴史において、重大な問題として位置づけられてきました。しかし人類の長い歴史の中で、社会がどのようなものになるかは、王様、貴族、土豪など、時の権力者の意向と行動で左右されていました。

その中で生成発展したのが「帝王学」です。今でもオーナー社長の跡取りに帝王学を学ばせることは、会社にとっても社員にとっても必要です。二代目、三代目がしっかりしてくれなければ、社員だけでなく、取引先まで皆が困ります。

ところが今日、事態は急速に変化してきました。社長や跡取りが帝王学を身につけているだけでは足りなくなったのです。社員の一人ひとりが、社長のように見て、行動してくれなければなりません。トップ一人に、手足が三〇人いるというのでは困ります。成長する会社では、社員全員が社長になった気になって、社長のように仕事をしています。

社員一人ひとりのための帝王学です。いちはやく一九六七年にドラッカーが書き、今でもロングセラーの名著『経営者の条件』がそれにあたります。

実は、「会社のほうが自分よりも長生きする。会社のほうが自分よりもはるかにしっかりしている。会社によりかかっていれば大丈夫」という人たちよりも、「自分のほうが会社よりも長生きする。自分のほうがしっかりしている。会社がなくなっても大丈夫」という人たちのほうが、仕事はできるし、会社としてもはるかにありがたい。

今日では、日本のような先進国では、体だけで働くという肉体労働者の必要性は、どんどん少なくなってきています。必要があっても、なり手がいなくなっています。働く人たちのほとんどが、頭を使って働く人、手を使うが頭も使う、頭の働きのほうが大事な人、つまり知識労働者になっていきます。

ただし、知識労働者をマネジメントするのは容易ではありません。キーワードが人である以上、肉体労働中心のマネジメントのあり方とは方法も異なってくる。

かつて野村総合研究所は、そのことを「犬型の人材から猫型の人材をマネジメントする時代に移行する」と表現しました。忠誠心が強い犬と、自由奔放で気ままな行動をとる猫とでは、飼い主に求められる行動も異なってきます。いうまでもなく、知識労働者は、個としての強みや知識を資源としていますから、猫型の人材ということになるでしょう。

大方の猫には自分が飼われているという自覚があるようには見えません（少なくとも筆者の家で飼っている「もも」と「きなこ」はそうです）。反対に人を飼っているくらいのつもりではないでしょうか。企業の現実に置き換えるならば、人が企業を必要とした時代から、企業が人を必要とする時代に働き方の構図が変化してきた象徴をそこに見ます。

猫型人材はお金やルールでは簡単に動いてくれません。朝礼で理念を唱和させて行動の統一を図ろうなど無駄です。

忠誠心は他者に要求できるものではなく、強制できる性質のものではないのです。知識労働者にとっては、精神論は無意味なだけでなく有害です。むしろマネジメントする者が、日々の活動の中で、率先垂範し知識労働者からの敬意を勝ち取らなければならない。知識企業として成功している企業などは、知識労働者の忠誠心を勝ち取ることに成功した企業といってよいでしょう。反対に失敗すれば、知識人材をとどめておくことはできず、競争力を失っていくことになります。

知識労働者の自己啓発

ますます多くの人たち、とくに知識労働者の場合はそのほとんどが、自己啓発に取り組まなければならなくなります。最も貢献できる場所に自分を置き、つねに成長していかなければなりません。実に五〇年以上におよぶ職業生活において、いつまでも若々しく、いきいきとしていられなければなりません。行っていることを、いつ、いかに変えなければならないかということさえ知らなければなりません。そうでなければ、本人も、会社も、社会も困ります。

知識労働者は、自分を雇っている組織よりも、寿命が長いことになります。二〇代後半まで大学院に残り労働力市場への参入を遅らせたとしても、今日の先進国の平均寿命では、八〇代まで生きることに変わりはありません。途中からは非常勤や嘱託になるかもしれませんが、やがて七五歳前後までは働くことになります。

とくに知識労働者の場合、平均労働寿命は五〇年に及ぶのです。ところが、会社の平均寿命は三〇年そこそこに過ぎません。今日のような乱気流の時代にあっては、会社にとってはそれだけの寿命を保つことさえ難しくなります。

永遠とまではいかなくとも、少なくとも「長生き」であることが当然とされてきた組織、絶対つぶれないとされてきた組織、つまり大学をはじめとする教育機関、病院、政府機関でさえ、乱気流の時代では大きく変わらざるをえなくなります。多くは、少なくとも今日の姿では存続できないことになります。たとえ存続し得たとしても、変わらざるをえなくなります。

組織に働く人たち、とくに知識労働者は、組織よりも長生きすることになります。違う仕事ができなければならなくなります。キャリアを変えることができなければならなくなります。少なくとも能力があって初めて会社の役に立ち会社を変えていくことができる。とくに秀でた才能もない普通の人間が、自分をマネジメントできなければならない時代に入るのです。

知識労働者は、これまでは答えを求められなかったことのなかった問いに目を向けなければならなくなりました。たとえば――。

1．自分は何者か？
2．自分が属するところはどこか？
3．強みを生かす貢献は何か？
4．他との関係における責任は何か？
5．第二の人生はどこにあるか？

セルフマネジメントの樹

ドラッカーはセルフマネジメントの極意を頭の中で考えたわけではありませんでした。コン

セルフマネジメントと強み

セルフマネジメントで最も簡単にもかかわらず、あまり実行されていないこと。

ごく身近な人たち——配偶者、子供たち、両親、同僚、上司、学生時代の友人たち——から強みを教えてもらうことです。

何より恥ずかしいし、不安がありますね。

けれども、最も身近な人たちこそ最もよく知ってくれているのはごく自然でしょう。

何も遠くにいて高いお金をとるカウンセラーやコンサルタントに頼むまでもありません。

ドラッカーはごく単純な解決策を示してくれています。

身近な人に強みを聞いてみよ。

簡単です。

愕然とするほどです。

ポイントは、素直に聞くことです。

時にはとんでもなく耳に痛いことだって返ってきます（特に家族！）。

ただし、誠実な人であればあるほどに、耳触りのいい返答ばかりでないことは覚悟する必要があります。

サルタントとして、クライアントの社長などから聞いていたのです。来年の事業計画などの相談に乗った後、ちょっとした雑談として、「ところで、あなたはどのようにして会社でトップにまで上り詰めることができたのですか」と聞く。たいていは、「若い頃、ポジションが変わったら、一から仕事の要求することを考え直さなければだめだと今は亡き大先輩から教わったのですが、その通り行ってきただけなんですよ」などと返ってくる。

ポジションが変わったら、それまでの成功のおかげなのだから、従来の方法を一生懸命行おうとします。誰でもそうします。今日あるのは昨日のおかげだからです。

しかし、新しいポストでは新しい要求があるのだから、一から考え直さなければならない。前と同じことを要求するならわざわざ変えようとはしない。

たいていの人はそうは見ないで、過去の成功を新しいポストで繰り返そうとして挫折していくのです。いくら考えてもわかりません。教わらなければわかりようがないのです。でも、一度教わってしまえば実に簡単です。

ドラッカーはそのような種類の知識を教えてくれるのです。知識社会や組織社会の作法に伴う知識です。

私の強みって何だろう?

強みの樹

真摯さ
予期せぬ成功
成果
成果
成果
成果
成果
成果
マネジメント
組織
強み
何を期待するか？
廃棄
個
・価値観
・気質
・性格
・意思

セルフマネジメントには、知識労働の生産性向上などというあらゆる企業が抱えている問いが中心にあります。すでに述べた、会議にばかり追い回されて時間をとられて困る、などというのは、ごくありふれた問いです。

ドラッカーは知識とは何かとの根本的な問いを現代人に対して投げかけた人でもあります。強みは意識して見なければいつまでたってもわかりません。人は思考の習慣や癖で慣れ親しんだ見方をします。とくに強みは無意識のうちにほとんど自動的に発動されており、自分の特徴をいちいち価値あるものとして認識しないのです。

強みの見出し方については、次章で詳しく説明します。

セルフマネジメントを学ぶ方の多くから「強みというコンセプト自体を初めて知った」とよく耳にします。それくらいに、強みとは認識されていないのです。

現代において、**強みと知識はワンセット**と心得るべきです。

強みも知識も、人と社会の生態系の中で作用し合っているので、他者とのつながりを見なければ意味をもちません。とび抜けた強みや、とび抜けた知識をもっていたとしても、単独では成果に結びつかない。

今までどんな成果をあげてきたか？　今まで何をうまく行ってきたか？

気象についての知識をもっていたとしても、明日の天気予報というニュースに変換し、社会に届ける人がいなかったら、ただの「物知り」、場合によっては「物好き」で終わってしまいます。強みや知識とは社会との関係性の中で価値に変換されるのです。

そのために、自分の強みと知識を理解するだけでは十分ではなく、他者の強みや知識を理解することによって、知識社会はいっそう豊かさを得ていくものです。自分の「強み」「知識」と他者の「強み」「知識」は分野も何もかも違います。けれども、人と社会への貢献の観点からすれば同じです。「強み」「知識」に、正しいも正しくないも、高いも低いもなく、役に立てうるかどうかしかないからです。他者の強みや知識への理解に努めないならば、結果として、強みと知識が生きてこないために、マネジメントの樹全体を成長させることができなくなっていきます。

即座に成果を得ようとするのは得策とは言えません。生き物のもつ固有の論理に反するからです。マネジメントの対象は、生き物であり生態系なのですから、朝顔と同じように昨日種だったものが今日になっていきなり花を咲かせることはないのです。成果につながるまでにはしかるべき期間をかけなければなりません。

次章で述べるフィードバック分析では、約一年程度は評価までに時間をとる方法が推奨されています。強みや国や地域においてはさらに長期を要します。一昔前は「国家百年の大計」と言いました。マイケル・ポーターは、産業クラスターを「短距離競争ではなく、マラソン」と述べています。企業、大学、自治体などもまた、関係を随時組み替えながら、成長していく。多様性の度合いが高まるほどに相互信頼などの社会的関係資本が基盤として強固になっていくのです。

生命の変化にはタイムラグが生じますから、何らかの取組みから成果が出るまでには一定程度の遅れが生じるのです。世知辛い世の中、何かとスピード感が要求されるのは事実ですが、なにぶん生き物が相手である以上やむをえません。

自分を使って何ができるか

セルフマネジメントにおいてドラッカーは、**「何をしたいか」ではなく、「自分を使って何ができるか」**を見るよう勧めていました。得るべきところを知るのは、かなり早くても二〇代後半です。ちなみに、ドラッカー自身何者で、どこに身を置くべきかが見えてきたのは三〇歳を超えたあたりでした。

フィードバック分析や、人に聞いてみることです。それには経験を要します。そうして初めて、自分の生かし方がわかってきて、結果として得るべきところも見えてきます。反対に、得

自分を使って何ができるか？

「浮世離れ」という戦略

ある面で現代の社会は知識社会から逆行しています。

知識が主たる資源になったにもかかわらず、大きなストレス、重圧やプレッシャー、過酷な長時間労働に耐えている人がたくさんいます。

現代のひどい労働環境を忍ぶ多くは、体の痛みに悩まされるよりも、頭脳と心の痛みに悩まされています。

ストレスまみれの人たちは、家に帰ってからも、ストレス源であるテレビやネット、ゲームやお酒から離れられません。

いつも頭がフル稼働して休んでいる暇がないのです。

健康悪化や、メタボや、精神疾患といった不調が深刻な事態になって初めて、ストレス対策を探し始めます。

それでは遅過ぎます。

ごくシンプルな行動を生活に取り入れる、これもまたドラッカー流です。

ドラッカーの場合、山歩きや日本画観賞がそれでした。

昨今はスマホやSNSでどこへいっても情報まみれ。

あえて「浮世離れした世界」に触れるのもドラッカー流です。

るべきでないところ、身を置くべきでないところも見えてきます。

いずれにしても、「自分を使って何ができるか」を追求する中では、なるべく大きく自分を変えることなく、かえって本来もっているものを徹底的に利用し尽くす。そこがセルフマネジメントのプリンシプルです。

真摯さ

たいていの知識や素養は後になって身につけることが可能です。しかし例外があるとドラッカーは言う。**真摯さ**です。

真摯さとはマネジメントに登場する、倫理観の核をなすコンセプトです。では、真摯さとは何を意味するのでしょうか。

原語ではインテグリティ（integrity）と言います。一貫性、一体性などと訳することができるでしょう。裏表のなさや、ずるいことをしない、卑怯なことをしない。

彼は言います。

「人のマネジメントにかかわる能力、たとえば議長役や面接の能力を学ぶことはできる。管理体制、昇進体制、報奨制度を通じて人材開発に有効な方策を講ずることもできる。だがそれだけでは十分ではない。スキルの向上や仕事の理解では補うことのできない根本的

『夜と霧』の教えてくれること

ドラッカーの同時代人にも似た精神的傾向をもった人がいました。

ウィーン生まれの精神科医ヴィクトール・フランクルです。

富裕な家庭の生まれで、後にウィーン大学を卒業して立派な医者になります。

やがてナチスが世を席巻するようになり、ユダヤ人だったフランクルは鉄道で強制収容所に移送され、生死の淵をさまよう凄絶な体験をします。

奇跡的に生還した後、自身の強制収容所体験の手記を『夜と霧』にまとめました。

全世界でベストセラーとなり、今なお読み継がれています。

フランクルは次のような問いを投げかけています。

「あなたは自分の人生から何をすることを求められていると思いますか？」

「この人生で、あなたがすべきことは何だと思われます

ヴィクトール・フランクル（1905〜1997年）
オーストリアの精神科医、心理学者。著作は多数あり日本語訳も出版されている。ナチス強制収容所での体験をもとにした『夜と霧』は、日本語を含め17カ国語に翻訳され、60年以上にわたって読み継がれている。英語版だけでも累計900万部に及び、1991年のアメリカ国会図書館の調査で「私の人生に最も影響を与えた本」のベスト10に入った。

か？」

「あなたの人生で、あなたに発見され実現されるのを待っている『意味』とはどんなことだと思われますか？」

「誰かあなたを必要としている人はいませんか？」

「あなたが役立つことのできる人、あなたのことを喜んでくれる人は誰かいませんか？」

ドラッカーの五つの質問によく似ていることに気づくでしょう。

ミッションの見定めからスタートして、人生にとってかけがえのない価値判断を促す問いです。

責任ある存在としての人がなすべきことを教えてくれています。


な資質が必要である。真摯さである」（『マネジメント――課題・責任・実践』）

働く中ではさまざまな問題が起こります。顧客をだましたり、不利益を与えることがプロとしてわかっているのに、上層部からの命令として、商品を売りにいかなければならないとしま

この人生で私がなすべきことは何だろう？

す。上から言われたのだからしかたなしに従うのも一つの選択です。しかし、プロとしての良心と自由にかけて、上司からの命令を拒否するのも一つの選択です。

個としての価値観や倫理観をもち合わせていない人が真摯であるなどおよそ考えられないことです。

ドラッカーはこんな問いを立てています。

「強みと価値観が衝突したときはどちらを選ぶべきか?」

答えは、「**価値観を選べ**」でした。彼は若い頃、ロンドンの投資銀行に勤務していたとき、能力と強みがあるにもかかわらず、一つの深刻な事実を発見するに至ります。「お金に興味がない」ということでした。

価値観が合わないのに、人生の貴重な時間を割くのは、自分自身の人生を投げ出すのと同じと見て、不況下で転職先もないにもかかわらず銀行を辞めています。

もちろん、現実的には仕事を辞めてしまうのは容易ではありません。家族がいればなおさらです。しかし、自分が人生の操縦桿を握っていること、自分が自由であることと自覚できれば、上からの命令にも無感覚な迎合的態度はとれないでしょう。

真摯さとはそのような葛藤とともにあるものです。

第6章 フィードバック分析——強みを見出し、生かす方法

自らの強みを知る

一九九九年、八九歳のとき、ドラッカーは次のように述べています。

「人類の歴史を通じて、何をもって貢献すべきかを考える必要のある者はほとんどいなかった。何を貢献すべきかは決まっていた。農民や職人のように、仕事上行うべきことは決まっていた。あるいはご主人によって決められていた」(『明日を支配するもの』)

セルフマネジメントの中心に強みがあることはすでに述べました。強みを真に役立たせるためには、まず強みを知らなければ始まりません。

ついこの間までは、ほとんどの人にとって、自分の強みを知っても意味はありませんでした。生まれながら職業も仕事も決まっていました。農家の子は農民になりました。耕作ができなけ

れば脱落するだけでした。職人の子は職人になるしかなかった。

ところが今日では選択の自由があります。自分が属する場を知り、同時に自分の強みを知ることがぜひとも必要になってきます。

ドラッカーは、強みを与件と見ていました。温泉とか石油のようなもの。あるところにはある、ないところにはない。強みも同じで、仕事に就くはるか前に形成されている。大きく変えることはできない。にもかかわらず、多くの人は自分の強みについて知らない、弱みについて少し知っている程度とも述べています。

自分にどのような強みがあるか。

知りたいと思いませんか？

強みを知るための方法はたった一つ、**フィードバック分析**であるとドラッカーは述べています。フィードバックの語は比較的なじみです。感想とか、コメントとか、意見のような意味で使うことも少なくありません。しかし、ドラッカーのフィードバックはニュアンスがやや異なります。フィードバックは、自分さえ知らなかった強みに気づかせるための最強のアプローチを指しています。『明日を支配するもの』で推奨される自己成長のための方法です。

何かを決め、何かをすることにしたならば、何を期待するかを直ちに書きとめておくのです。九か月後、一年後、実際の結果を書きとめておいた期待と照合する。これがフィードバック分析の基本動作です。ドラッカー自身五〇年続けていました。しかもその度に驚かされていたと言います。行う者は誰もが同じように驚きます。フィードバック分析を行うと、二、三年で自分の強みが何か明らかになるからです。

フィードバック分析を行うと、自分が仕事や人生の中で、いかに言い訳にまみれているか、言葉でごまかしているかに誰もが気づける。多くの場合、できたことを通して、時にはできなかったことを通して、等身大の姿に気づけるようになるのです。

目標を書きとめるだけで意識が一定の方向に導かれていくのは、フィードバック分析を行う人なら誰もが経験するところです。期待するところを「直ちに書きとめる」ことが仕事と人生に強い方向づけを与えるためです。

一人でできるというのがフィードバック分析の優れたところです。私は知識社会にふさわしい学習法の条件は、①一人でもできる、②毎日できる、③お金があまりかからない、と見ているのですが、フィードバック分析は三条件を完璧に満たしています。ほかには、日記を書いたり、軽い運動をしたりなども当てはまります。ささやかなことで十分です。

目標はむろん重要ですが、触媒となる行動や道具もまた重要です。一つの典型が、メモやノートなどです。アインシュタインなど、創造的な人がメモ魔であったことはしばしば指摘されます。

『知的創造のヒント』（ちくま学芸文庫）の著者・外山滋比古氏によれば、書きとめたものは、しばらく「寝かせ」「発酵させ」、時には忘れてしまい、結果として残ったものがよいと言います。高度な情報社会においてこそ、デジタル機器だけではなく、メモのような素朴でアナログ、原始的なツールが役に立つことも多いものです。

同じ銘柄のペン、ノートでなければアイデアをメモできない人を私は知っています。バスに揺られるときにしか妙策が浮かばない人も知っています。古くから散歩したり、お風呂に入るときにすばらしい着想を得たという話は枚挙にいとまがありません。これらは、身体環境と精神活動が、思うよりもはるかに緊密な連携を保持する事例と見てよいでしょう。

フィードバック分析のステップは次のようなものとなります。

ステップ①

自分に期待する成果を目標として直ちに書きとめます。

ステップ②

九か月〜一二か月たったところで、書きとめた目標と実際にできた成果を照合し、何ができて、何ができなかったかを洗い出します。できたことにはさらに力を入れていきます。できなかったことからは力を抜いていき、なるべく手放していくようにします。

ステップ③

できたことにいっそう力を入れていきます。同様のことを繰り返します。

フィードバックの樹

ステップ①
期待する成果
直ちに
書きとめる

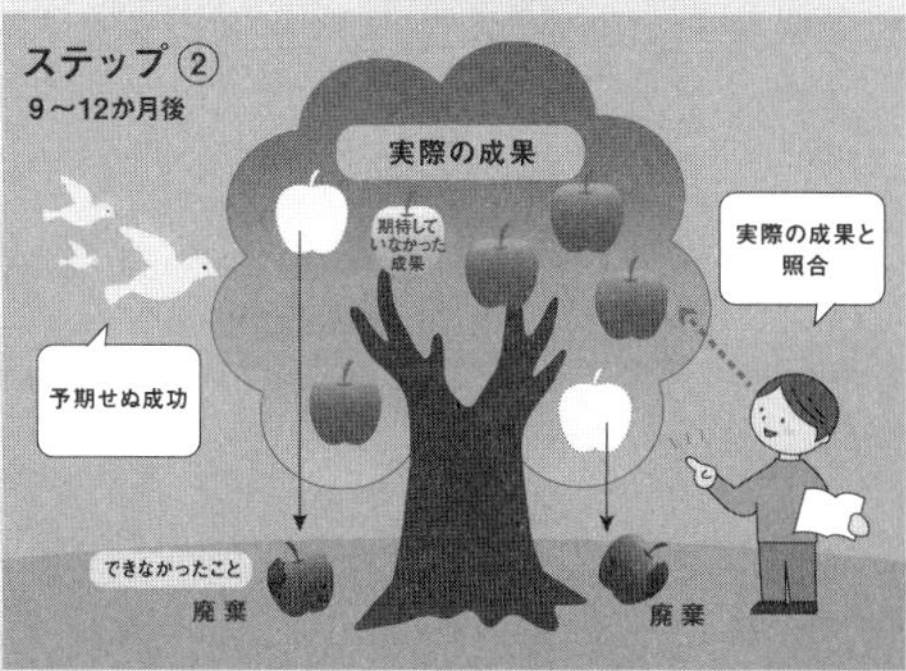
ステップ②
9～12か月後
実際の成果
期待して
いなかった
成果
実際の成果と
照合
予期せぬ成功
できなかったこと
廃棄
廃棄

ステップ③
期待する成果
直ちに
書きとめる
うまくできたことには
力を入れる

ほとんど誰もが、自分の強みを知っていると思っています。たいていは間違いです。せいぜい知っているのは強みでないことです。しかも強みでないことさえ間違いであることが多い。

フィードバック分析を行えば、自分が行っていることや行っていないことのうち、強みを発揮するうえで邪魔になることまで明らかになります。もちろん得意でないことも明らかになります。強みではないこと、できないことも明らかになります。

もう一つ、いたって簡単なフィードバックの派生形があります。家族や友人に率直に尋ねてみるのです。最初はびっくりされますが、たいていは親切に教えてくれるはずです。そして、多くは自分の期待とは異なる答えです。

さらに知っておくべきなのは、自分が得意とする仕事の方法です。人と組むとうまくいくのか、一人で行うのがいいか、朝型か夜型かなどです。自らの来し方に少しばかり思いをはせればたいていのことはわかるものです。

明らかになること

フィードバック分析から、いくつか行うべきことが立て続けに明らかになってきます。

第一が、明らかになった強みに集中すること。成果を生み出すものに自分の強みを集中させなければなりません。

第二が、強みを伸ばすこと。フィードバック分析は、伸ばすべき技能や、新たに身につけるべき知識も明らかにしてくれます。陳腐化したために、更新すべき技能や知識も教えてくれます。

並みの程度の技能や知識ならば、よほどのことでないかぎり誰でも手に入れることができます。

第三が、自分の傲慢さ、つまりおごりを正すべきことを知ります。一芸に秀でた人たちは、他の分野を軽視する傾向があります。自分の頭さえあれば他のことの知識などなくとも十分と思ってしまいがちです。

ところがフィードバック分析によって、仕事の失敗が、知るべきことを知らなかったためであったり、自分の専門以外の知識を軽視していたためであったことが明らかになります。

たとえば技術者は、一流であればあるほど、人間について何も知らないことをむしろ自慢するものです。語学や人文学に強い人は、学生時代に数学と物理で赤点すれすれだったことを武勇伝のように語りがちです。

海外拠点の責任者となった役員の中には、国の歴史や伝統、芸術を学ぶ必要はないと見ている人たちがいます。結果、せっかくの経営の能力をもってしても、たいした成果もあげられな

強みを発揮するうえで邪魔になっていることは何だろう？

書いている人にはかなわない

シンプルながらパワフルきわまりない方法があります。

書きとめることです。

簡単だし、一日に数分しかかかりません。

もちろんお金もほぼかからない。

どんな人でも実践できます。

人と競争するものではなく、それぞれのリズムで進めていける。

書きとめることは頭脳だけでなく、心を鍛えてくれます。

効果は心身両面に及びます。

書きとめると何がわかってくるのか。

自分がおなかの底で何を考え、何を望んでいるか、その本当のところがわかってくるのです。


「重要なことは、期待するものを検討し、書きとめておくことである」（『マネジメント——課題・責任・実践』）

いでいます。

かくしてフィードバック分析は自分の強みをフルに発揮させるうえで必要な技能や知識を身につけるきっかけともなってくれます。

第四が自分の悪い癖を改める。フィードバック分析は、成果をあげるうえで邪魔になることを教えてくれます。

企画担当者がせっかくの企画が失敗したのはフォローを十分に行わなかったためであることを明らかにしてくれます。

頭がいいだけの企画担当者は、企画が出来上がった段階で働くことをやめてしまいます。しかし真の仕事はそこからです。企画を実行する人たちを探し、説明し、詳細を教え、必要に応じて企画を変更していかなければなりません。

第五が人への対し方の悪さによって成果をあげられないようなことをなくす。頭の良い人たち、とくに若い人たちは、人への対し方が組織では潤滑油の役割を果たすことを理解していないことが多い。

「お願いします」「ありがとうございます」「教えていただけませんか」という言葉を言う。簡単なことでよいのです。フィードバックが不十分な人ほど、大事な場面で一言足りず、どうでもいい場面で一言多い。

人の協力を必要とするようになった段階で素晴らしい仕事がつねに失敗の憂き目にあってい

るようであれば、一つの原因として、人への対し方、つまり礼儀に欠けるところがなかったか、振り返ってみてはいかがでしょう。フィードバック分析は自身を顧みるきっかけを提供してくれます。

第六が、最初から手を付けてはならないことについてです。

フィードバック分析によれば、行ってはならないことが明らかになります。どうしても必要とされる能力が欠けているのであれば、引き受けてはいけない。人には苦手なものはいくらでもあるのです。

第七が、並みの分野での能力向上に時間を使うことをやめる。得意分野に集中しなければなりません。無能を並みにするためには、一流を超一流にするよりもはるかにエネルギーを要します。にもかかわらず、あまりに多くの人たち、組織、そして、とくに学校の先生方が、無能な分野の者を並みにすることに懸命になり過ぎています。資源にしても時間にしても、有能な者をスターにするためにこそ使わなければなりません。

自らの強みと仕事の方法がわかるようになれば、特別な才能をもたない普通の人でも、仕事で一流になれるとドラッカーは言うわけです。

フィードバック分析が教えてくれるものの第八が、間違った仕事の仕方を改めることです。強みと同じように重要な問題です。

実際には、何が強みかよりも重要かもしれません。ところが、驚くほど多くの人たちが、自分の得意とする「仕事の仕方」を認識していません。それどころか、ほとんどの人たちが、仕事は、いろいろな仕方があるということさえ知らないのです。得意でない方法で仕事をし、成果をあげられなくて当然の状況にあります。

自分を大きく変えようとしない

誰かの部下として働くとき最高の仕事をするという人たちがいます。チームの一員として働くとき最高の仕事をする人たちがいます。あるいは助言者として最高の人たちがいます。教師役や相談役として最高の人たちがいます。相談役としては全く価値のない人もいます。

自分についてもう一つ知っておくべき大事なことが、仕事の環境です。緊張や不安があったほうが仕事ができるか、安定した環境のほうが仕事ができるか。

あるいは大きな組織でのほうが仕事ができるか、小さな組織のほうが仕事ができるか。どちらでもよいという人は、ほとんどいません。大きな組織で成功してきながら、小さな組織に移ったとたんに仕事がおそろしくできなくなる人が大勢います。逆に、小さな組織では素晴らしい仕事をしていながら、大きな組織に移ったとたんに途方に暮れる人たちがいます。逆に大きさの違う組織に変わったとたんに、ばりばりと働き出す人たちもいます。

あるいは、さらに重要な問題として、意思決定者と、補佐役のいずれのときのほうが成果を生むかがあります。補佐役としては最高でありながら、自分は意思決定を行う重荷には耐えら

礼儀正しさは武器になる

小さなことなのに、大きな効果を生むしかけ。

ドラッカーは一九〇九年生まれです。私たちの父の父のさらにそのまた父の時代の人です。

礼儀が中心にあった時代の人です。

目上の人に敬意をもって接し、ていねいな言葉を使う。お世話になった人にはお礼状を書くなどが例でしょう。

手紙を書くとき、ドラッカーは冒頭に人を気遣う言葉や、感謝の気持ち、当地の気候、近況などを長々と書くのを通例としていました。

しかし、礼儀は、人のためであるとともに、世の中のためでもあります。

礼儀は人の欠点を隠してくれるからです。


「好意をもつとは限らない他人同士が共に仕事をしていけるようにするためには、どうしても礼儀作法が必要である。立派な大義名分をもっているからといって、無作法が許されることはない。無作法は、人の神経を逆なでし癒えることのない傷を残す。礼儀がすべてをよい方向に変える」（『非営利組織の経営』）

れない人がいます。逆に、補佐役を必要とはするが、迅速に自信をもって勇気ある意思決定を自ら行える人たちがいます。

それまでナンバー2として活躍していたが、トップに座らされたとたん耐えられなくなる人もいます。

強力なトップは、信頼できる助言者としてナンバー2を必要とします。ナンバー2はナンバー2として最高の仕事をします。ところがトップに起用されるや仕事ができなくなります。意思決定すべきことは理解しています。しかし、意思決定の責任を負うだけの度胸はやや足りない。

結論は一つです。**自らを大きく変えようとしない。**それよりも、自らの得意な仕事の仕方を伸ばし、改善していかなければなりません。事業のマネジメントと個のマネジメントは構造においては同じです。時に、対症療法的になる傾向まで同じです。やむをえず三回目の転職を考えなければならなくなったときに、「自分はどのような強みで社会に貢献できるのだろうか」などと見るのは稀でしょう。多くの場合は、「思ったより報酬は安いな。もっと稼げるところはないか」などと、局所しか見ていない対応をしてしまう。

私はどのような強みで社会に貢献できるのだろう?

うまくいけば問題はありません。けれども、たいていの場合、同じ問題は繰り返し起こります。

すでに起こったこと以外に現実はない

フィードバック分析においても、ドラッカーは歴史に学んでいます。

古代ギリシャの医者ヒポクラテスが、弟子を育てた方法なども一例です。ヒポクラテスは、弟子たちに、患者に対して期待する回復を書きとめておくように指示していたと言います。実際の処方の結果と照らし合わせ、期待通りのところはさらに力を入れ、期待に反して回復しなかったならばやめてしまうことを奨励したのです。それによって、凡庸な弟子がめきめきと名医に育っていったと言います。

セルフマネジメントの樹を成長させるには、まずは強みを突きとめるにまさるものはありません。同時に弱みを見ないと決める。まして、弱みを強みに変えようとしない。結局新しい状況に振り回されて疲弊するだけです。

人類の発展の歴史はほとんどフィードバックによる成功の歴史です。強みにフォーカスすることで力強い発展の糸口を見つけていった例は、明治維新や、戦後日本の高度成長をはじめ枚挙にいとまがありません。

確かにフィードバック分析は強みを知るための方法です。けれども、強みとはできたこと、すなわち成果を通して現れるものです。成果とは自分の中に蓄積される歴史の一コマであり、**強みの現実的形式**なのです。私たちは成果を相手にすべきです。成果を通して強みと付き合っていくのです。

しばしば歴史に学べと言われます。もちろんその通りです。しかし正確には、歴史からしか人は学べないのです。すでに起こったこと以外に理性的判断の対象は存在しない。あえて言えば、過去（すでに起こったこと）以外に現実はなく、ほかは空想に過ぎない。それくらい歴史というのは重たいものです。

フィードバック分析で特定すべきなのは、どこまでいっても成果です。

こんな場面を思い浮かべてはいかがでしょうか。

並木さんはプレゼンがうまく、数十人数百人を前にしてもリラックスして、流暢に話します。社内の研修などでも依頼が来るようになり、ここ数年は年間一〇件程度は講演をするようになりました。

並木さんの強みは何かといえば、簡単に特定することはできません。言語能力や、人と親しむ能力、人前でも自然体でいられる能力、いずれも強みです。しかし、フィードバックすべきは、プレゼンの回数と質なのです。そこを伸ばしていく。

強みの発見の中で、最重要視されているのは、成果の特定です。強みを〇〇力などと抽象的にとらえるよりも、九〇分の講演を五回行う、次の行動へのトリガーになるような成果を進んで発見することで、結果として強みに質感が出てくるのです。

強みを理解するとは、強みが実現してくれる成果とそれに伴う価値を知ることです。成果とは徹底的に具体的です。私たちは強みそれ自体を知ることはできません。強みは「成果を通して」初めて把握可能となるものです。

成果を見るとき、一つ注意が必要なのは、達成したことの意味づけはとりあえず置いておくことです。理屈にはこだわらないことです。期待した目標と成果の照合がフィードバック分析の中にありますが、できた理由、できなかった理由はさほど重要ではありません。重要なのは、何ができたか、何ができなかったか、それだけです。

会社や社会についても言えます。ドラッカーの友人の上田惇生氏は、「**強みは当たり前の中にある**」と言っていました。私は上田氏があるテレビ局の取材を受ける場面に居合わせたことがあります。ディレクターから、「日本の強みはどこにあると思いますか？」と尋ねられ、上田氏は即座に「安全なところ。そして何十年も戦争をしていないことです」と答えていました。「当たり前過ぎて誰も見ないようなことに強みはある」とも付け加えていました。

第III部

ドラッカーに学ぶ生き方と働き方の作法

第二の人生をどうするか

現代を象徴する社会現象を一つ挙げよと言われたら、おそらく労働寿命の伸長とそれに伴う社会の変化が挙げられるでしょう。

歴史上初めて、人間のほうが世の中の多くの組織よりも長生きするようになりました。それに伴い新しい問題が生まれました。

第二の人生をどうするかがそれです。

文筆家の平川克美氏は『復路の哲学』（夜間飛行）において、「自分の行く末が地図のようにはっきりと見えてしまうという絶望を噛み締めたとき、人生の復路が始まる」と述べています。

もはや二二歳で就職した組織が、六〇歳になっても存続しているとは言い切れない時代です。ほとんどの人間にとって、同じ種類の仕事を続けるには四〇年、五〇年は長過ぎます。飽きてくるし、惰性になります。耐えられなくなります。周りも迷惑します。

今日、中年の危機が取り上げられるようになりました。四五歳ともなれば、全盛期に達したことを知ります。同じ種類のことを二〇年も続けていれば、学ぶべきことは残っていません。新しい貢献もなく、仕事が心躍るものとなることにはならない。

「心の定年」（楠木新氏）と呼ばれる状態です。

年を重ねるのは下山に似ています。登っているときは頂上というはっきりした目標があります。多少の無理も利きます。下山は違います。登り以上の慎重さと熟練が求められます。遭難は下山時に起こりやすいと言われるのはそのためでしょう。

やはり先達はありがたいもので、ドラッカーは実人生を通して「下山にあたっての問いの体系」を示してくれています。下山といってもリタイアを意味するわけではありません。昨今の現実からすれば、六〇歳で定年して悠々自適というわけにはいきません。

ありがたいことに知識労働者は、何歳になっても働けます。文句はあっても、いつまでも働けます。とはいえ、三〇歳のときには心躍る仕事だったものも、五〇歳ともなれば死ぬほど退屈になっています。しかしあと二〇年とはいかないまでも、一〇年、一五年は働かなければなりません。

第二の人生の必読書に、ドラッカーに学んだ企業人、ボブ・ビュフォードの著作『ドラッカーと私』（NTT出版）があります。

ビュフォードは三つのプリンシプルを教えてくれます。

ボブ・ビュフォード（1939〜2018年）

ドラッカーから巨大な影響を受けたアメリカの実業家。CEOを務めたビュフォード・テレビジョンは、当初はABC放送のテキサス州タイラー市での関連会社だったが、全国規模のCATV会社に成長した。1999年に自社を売却し、社会事業に邁進。イノベーティブな教会リーダーによるメガチャーチを支援した。ドラッカー・インスティテュートの設立にも尽力。同諮問委員会名誉委員長を歴任している。

第一の方法は、実際に第二の人生を始めてしまうことです。子供もある程度大きくなり、年金の受給権も確定した四五歳から四八歳に、企業を辞めて、病院や大学などの非営利組織に移る人たちです。行う仕事そのものはあまり変わりません。大企業の事業部の経理責任者が病院の経理部長になるなどが典型です。

第二の方法は、パラレル・キャリア、すなわち第二の仕事をもつことです。二〇年、二五年続けてきて現在もうまくいっている仕事をそのまま続けます。これまでのように本業に週四〇時間、五〇時間を割くのです。

それとともに、地域のＮＰＯを手伝う、同じく地元の教育委員になる。パラレル・キャリアです。

第三の方法が、篤志家（リアル・アントレプレナー）になることです。企業人、医師、コンサルタント、教授として成功した人たちです。仕事は好きではあっても、もはや心躍るものではありません。彼らは、仕事は続けるが、割く時間は減らしていきます。新しい仕事、通常は非営利の仕事を始めるのです。

常々ドラッカーの言う通り、おおげさなものはうまくいかない。むずかしく考えるべきものではありません。外山滋比古氏は『ライフワークの思想』（ちくま文庫）において述べています。

「バーテンダーはさまざまな酒をまぜてシェーカーを振れば、カクテルをつくることができる。これを飲んだ人は酔っぱらうから、彼が酒をつくったような錯覚を抱くかもしれない。しかし、じつは一滴の酒もつくっていないのである」。

どんな人生であっても、たった一つのかけがえのない人生であって、時による熟成を経て、自分にしかない独特の味わいがある。自分のシェーカーでしかできないカクテルをつくること、それがライフワークなのです。

ビュフォードの例では、ケーブルテレビ放送局で成功し、そのまま事業経営しています。しかし彼は、プロテスタントの巨大教会メガチャーチの発展に手を貸しています。後に、彼と同じような篤志家にも手を貸しています。

もちろん誰もが第二の人生をつくれるわけではありません。現在していることをそのまま続ける人たち、働いていながら引退したも同然の人たち、退屈しきったまま似たようなことを繰り返しつつ定年の日を指折り数えているだけの人たちのほうが今なお多いのもまた現実です。

しかし労働可能年限すなわち労働寿命の伸長を自分と社会の双方の機会としてとらえ、社会のリーダー、模範となるべきは数の少ないほうの人たちです。彼らこそ、成功物語として位置づけられることになる。しかし第二の人生をつくるには一つだけ条件があります。

本格的に踏み切るはるか前から助走していなければなりません。

次にドラッカーの実人生に学んでいくことにしましょう。

ドラッカーを育てた経験

晩年にいたり、ドラッカーは少しずつ自分自身の経験と重ねてセルフマネジメントを語るようになりました。「私の人生を変えた七つの経験」（『プロフェッショナルの条件』に収載）において、知識労働者のための生き方と働き方の作法を明らかにしています。

セルフマネジメントの精髄ともいえる思想が語られています。次に概要をお伝えします。七つの経験の特徴は、自らの青年時代を回顧して語られている点にあります。ドラッカーの若かった頃、修行時代に人生の先輩たちから学んだことです。ドラッカーがドラッカーになるうえで、たくさんの優れたロールモデルがあったことがよくわかります。

①ヴェルディの教訓――目標とビジョンをもって行動する

ウィーンのギムナジウムを卒業して、ハンブルグに出たドラッカー一八歳のときの逸話です。ドイツ北部の港町ハンブルグで、木綿商社に見習いとして勤務していたときのことです。昼は仕事、夜は自由だったので、ハンブルグ大学に籍を置く一方で、市立図書館で読書をするとともに、週に一回はオペラ鑑賞に出かけたと言います。

ドイツのオペラハウスは今でも立見席があります。開演直前に行くと、学生なら売れ残りチケットを無料か格安でもらえました。ある夜、一九世紀の作曲家ヴェルディのオペラを鑑賞します。ヴェルディはイタリア・ロマン派オペラを築いた一九世紀を代表する作曲家です。生涯に二六のオペラを作曲していますが、最後に書かれた『ファルスタッフ』をそのとき観たというのです。

故郷である音楽の都ウィーンでも小さい頃から音楽や演劇に親しんできましたが、それでも『ファルスタッフ』の鑑賞は初めてでした。ファルスタッフとは、シェークスピアの作品に登場する自由で奔放な性格な騎士の名で、彼が繰り広げる喜劇です。少年だったドラッカーは作品のもつ大迫力に圧倒されます。

後ほど調べたところ、ヴェルディが八〇歳で書いた作品であったのに、重ねて衝撃を受けます。当時は、八〇歳の人など見たことがなかったそうです。老齢でありながらも、かくもみずみずしい名作をものにしたことに心底驚かされました。さらに、「なぜ並外れてむずかしいオペラをもう一度書くという大変な仕事に取り組んだのか」と問われ、「いつも失敗してきた。だから、もう一度挑戦する必要があった」と答えたヴェルディにまつわる逸話を知ったのです。

彼は後々まで「この言葉を忘れたことがない」と書いています。

以来、いつまでもあきらめることなく、目標とビジョンをもって自分の道を歩き続けよう、失敗し続けるに違いなくとも完全を求めてい

ジュゼッペ・ヴェルディ（1813～1901年）
19世紀を代表するイタリアのロマン派音楽の作曲家。オペラ王とも呼ばれる。『ナブッコ』、『リゴレット』、『椿姫』、『アイーダ』などの作品で知られる。イタリア・オペラに変革をもたらし、現代に至る最も重要な人物と評される。

美術館に行こう

美術館？　仕事とどう関係があるのでしょうか。

芸術の世界は心が広く、美術館でゆったりと絵を見ているとき、あまり不快なことに心を塞がれる人はいないものです。

もちろん、演奏会や美術館でもいいし、あるいはライブや映画でも。

芸術にはすばらしいパワーがあります。

マーケティングの大家フィリップ・コトラーは、ドラッカーと交わした美術についての会話を次のように記しています。

「ドラッカーはこう言った。『日本人は美術の解釈と評価の仕方がわれわれと違う。日本人は『さび』と呼ばれる、物静かなたたずまいが好きだ。そして『わび』という、美術品が放つ、かつて存在し、活動していたものの歴史が刻まれている雰囲気も好む』」（『日経ビジネス』二〇二〇年一二月二一日号）

ためしに、美術館に行ってみたらどうでしょうか。

心を開いて、美のパワーを心の中に引き入れてみる。

どう見るかなんか考えなくていいし、感想を口にする必要さえありません。

見入るだけです。

ドラッカーが日本美術を愛したのは知られています。

ドラッカーとても、ストレスと無縁の世界を生きていたわけではなく、むしろ世界的な著名人によくあるように、少なくないプレッシャーを引き受けていたはずです。

太平洋戦争中、彼は軍勤務の傍ら、フリーアという画廊に通っていたときのことを振り返っています。

「第二次世界大戦の間、私は仕事でワシントンに滞在することがあった。そうした滞在の期間中、フリーア美術館で東洋の絵画を見ながら昼休みを過ごすのが私の日課となっていた。美術館の人びとは大変私に親切で、書庫の一隅に場所を与えてくれ、私が資料写真の中から選び出した数点の絵画をそこで見ることを許してくれたのであった。私は巻物をもって揚子江を下ったり、赤壁の下で静かに釣りをしたりして、昼休みの一時間余りを過ごし英気を養ってから、戦争で引き裂かれた狂気の世界へと戻って行ったのだった」(「私たちの日本美術」『ドラッカーコレクション水墨画名作展』)

日本美術の世界にいるとき、本来の自分に立ち戻っていたことは容易に想像できます。

芸術は創造性の源でもありました。

人も、会社も、世の中も、すべて美の対象として見る——。

知識労働者ドラッカーの原点はそこにあったのです。

こうと決心したと言います。

②フェイディアスの物語――神々が見ている

同じハンブルグ時代の逸話です。フェイディアスの物語を読んだと言います。フェイディアスはギリシャの彫刻家です。アテネ同盟の指導者ペリクレスの縁により、パルテノン建設の総監督を務めています。アテネのパンテオンの屋根に建つ彫像群を完成させたのですが、後の請求に対して、アテネの会計官は支払いを拒み、「彫像の背中は見えない。誰にも見えない部分まで掘って、請求してくるとは何ごとか」と抗議しました。

対してフェイディアスは、「そんなことはない。神々が見ている」と答えたと伝わっています。

日本ならお天道様が見ているというところでしょうか。以来、「神々が見ているのだから、完全を求めていかなければならないということを肝に銘じている」と書いています。

③記者時代の決心――一つのことに集中する

二十歳過ぎ、『フランクフルター・ゲネラル・アンツァイガー』紙記者をしていたころのことです。彼は記者として知らなければならな

フェイディアス（生没年未詳）
古代ギリシャの彫刻家。オリンピアの「ゼウス座像」など多くのモニュメンタルな神像を制作して、「神々の像の作者」と呼ばれた。彼の総指揮のもとに造営されたアテネのパルテノンの大彫刻群は、その様式を伝える。

いことはすべて知ろうと決心し、国際関係、国際法、諸々の制度や機関、歴史、金融など、記者として関係する知識を徹底的に学ぶことにしました。

結果として、一生継続することになる学び方を会得しています。一時に一つのことに集中して勉強するという方法です。次々に新しいテーマを決めて、勉強していきます。統計学であったり、中世史であったり、日本美術であったり、経済学であったりします。おおむね三年ずつ、一つのテーマを勉強しては新しい分野に移るということを続けていきました。

多くの知識を身につけることができた以上に、新しい体系やアプローチ、あるいは手法を受け入れることができるようになったのです。

④編集長の教訓——定期的に検証と反省を行う

同じく『フランクフルター・ゲネラル・アンツァイガー』時代、編集長E・ドンブロウスキから得た教訓です。

当時記者の平均年齢は若く、二二歳前後であったと言います。第一次世界大戦で中堅となるべき男性が軒並み戦死してしまったからです。三人の論説委員の一人に抜擢されたのはよかったものの、当時五〇歳あたりの敏腕編集長ドンブロウスキに徹底的に鍛えられることになります。

ドンブロウスキは一人ひとりと差し向かいで、仕事ぶりについて話し合ったと言います。加えて半年ごとに、長時間を使って、面談を行います。ドンブロウスキは、優れた仕事から取り上げ、次に一生懸命取り組んだ仕事、さらに一生懸命取り組まなかった仕事を取り上げます。

最後に、お粗末な仕事や失敗した仕事を痛烈に批判しています。

順番が大切です。編集長は「優れた仕事」、すなわち強みから人を見ようとしていたことがよくわかるからです。面談の最後の二時間を使って、次の半年の仕事について、「集中すべきことは何か」「改善すべきことは何か」「勉強すべきことは何か」を話し合ったと言います。

やがて若いドラッカーにとっては、ドンブロウスキとの面談が楽しみになったという逸話です。

後にアメリカでコンサルタントや大学教授として活躍する中で、彼はドンブロウスキとの面談を思い出し、やがて自分で自分と対話する時間を夏場に二週間つくり、それまでの一年を反省するとともに、次の一年を優先順位とともに見る習慣をもつようになりました。

⑤シニアパートナーの教訓——新しい仕事が要求するものを見る

二三歳のころ、ナチス化するドイツを離れてロンドンに渡り、投資銀行のシニアパートナーの補佐役の仕事に就きます。

ドラッカーはジャーナリストや金融の経験もあったので、仕事には自信をもっていたのですが、シニアパートナーに呼ばれ、仕事上の無能を面罵されて、大ショックを受けます。彼はこう言われたと言います。

「保険会社の証券アナリストとしてよくやっていたことは聞いている。しかし、証券アナリストをやりたいのなら、そのまま保険会社にいればよかったではないか。今君は、補佐役だ。

ところが相も変わらずやっているのは証券アナリストの仕事だ。今の仕事で成果をあげるには、いったい何をしなければならないと思っているのか」

直言をまともに受けた彼は、何か新しい仕事を始めるたびに、成果をあげるには何をしなければならないかを自問する習慣を身につけたと言います。しかも、仕事のたびに答えは違っているとも述べています。

コンサルタントとして活動するようになり、世の中には昇進人事の失敗があまりに多く、最大の浪費となっている実情を目にします。誰もが有能な人であったはずなのに、新しい仕事を任されて、成功することはあまりにも少なかったのです。

次のような問いにドラッカーは置き換えています。

「一〇年あるいは一五年にわたって有能だった人が、なぜ急に凡人になってしまうのか」

答えは、間違った仕事の仕方をしているためでした。あらためて、ロンドンのシニアパートナーが教えてくれたこと、「新しい仕事に就いたら、新しい任務が要求するもの、新しい挑戦、仕事、課題において重要なことに集中せよ」の意味を知ったのでした。知ってしまえば、誰も

次の半年の仕事について、「集中すべきことは何か」「改善すべきことは何か」「勉強すべきことは何か」

新しい任務で成功するようになることもあわせて知るにいたります。

⑥イエズス会とカルヴァン派の教訓——書きとめておく

アメリカにわたった彼は、三五歳のころ、近世初期のヨーロッパの歴史を勉強していたと言います。

当時ヨーロッパで力をもつようになった二つの宗派、イエズス会とカルヴァン派が、同じ方法で成長してきた事実に目をとめます。一五三四年と一五四一年に別々に創立されており、それぞれヨーロッパの宣教に成功してきたのでした。

二派には共通する重要な習慣がありました。何か重要な決定をする際に、期待する成果を書きとめておく、がそれでした。一定期間の後、たとえば九か月後、実際の成果と期待を見比べます。おかげで、「自分が長けていること」「何を学ばなければならないか」「どのような癖を直さなければならないか」を知ることができた。

フィードバック分析の原型なのは明らかですね。

⑦シュムペーターの教訓——何によって知られたいか

最後の逸話は四〇歳のときのものです。ニューヨーク大学でマネジメントを教えていたときのこと、父アドルフがカリフォルニアから知人に会いにきます。知人とは著名な経済学者シュムペーターであり、久しぶりの再会の場にドラッカーも同席していました。

父アドルフとシュムペーターは旧知の間柄で、昔話に花が咲きました。いずれも、ウィーンで仕事を共にした仲間だったからです。

アドルフは、シュムペーターに次の問いを投げかけます。

「ジョゼフ、自分が何によって知られたいか、今でも考えることはあるかね」

シュムペーターは、大著をものにした絶頂期の三〇歳ごろ、「ヨーロッパ一の美人を愛人にし、ヨーロッパ一の馬術家として、おそらくは、世界一の経済学者として知られたい」と述べたことで知られていました。

すでに六六歳になっていたシュムペーターは、こう答えたと言います。

「その質問は今でも、私には大切だ。でも、昔とは考えが変わった。今は一人でも多く優秀な学生を一流の経済学者に育てた教師として知られたいと思っている」

そして、こう続けたのでした。

「アドルフ、私も本や理論で名を残すだけでは満足できない歳になった。人を変えることができなかったら、何にも変えたことにはならないから」

ジョゼフ・シュムペーター（1883～1950年）
オーストリア・ハンガリー帝国（後のチェコ）モラヴィア生まれの経済学者。企業人の行う不断のイノベーション（革新）が経済を変動させるという理論を構築した。主著『経済発展の理論』では、イノベーションの基本構造を説いている。

その会話から、次の三つのことを学んだと述べています。

1．人は、何によって知られたいかを自問しなければならないこと
2．その問いに対する答えは、歳をとるにつれて変わっていかなければならないということ
3．本当に知られるに値することは人を素晴らしい人に変えることであること

ドラッカーの助言は終生にわたり、私たちを支えてくれます。

身近なところから始める

ドラッカー自身も、さまざまな組織のマネジメントについて書きながら、自分自身をマネジメントしていた人でした。語った通りに生きた人でした。

「マネジメントに習熟するにはどうすればよいか？」「どうすれば有効なマネジメントを行うことができるか？」

たぶん、ドラッカーだったら、「まずは自分の仕事と人生をマネジメントすることから始めるとよい」と助言してくれたのではないでしょうか。

マネジメントは生態系の中で樹を育てるようなもの、あるいは大きさや役割は違っても一艘の船を目的に沿って進めていくようなものです。マネジメント習熟の鍵は、学びながら使う、使いながら学ぶ点にあります。

ぜひ仕事と人生の中で、マネジメントを使ってみてはいかがでしょうか。マネジメントを学ぶ人たちは、よくドラッカーの書物に出てくる個性的な言葉を日常的に口にするようになります。「予期せぬ成功」「体系的廃棄」「フィードバック」「顧客の創造」などが日常語として口をついて出てくるのです。あるいはレポートや他の文章を書いているときも、気づけば「ドラッカー語」を使っていることに気づくこともあります。一人で何かを考えているときなども、はっと気づけばドラッカーの用語を用いているくらいになれば、しめたものです。

最もマネジメントを活用しがいのある分野がセルフマネジメント、個の成長です。

職場や自分の問題や機会に直面したとき、「私たちのマネジメントの樹を成長させるにはどうすればよいだろう？」と問うてみるのです。マネジメントは社会生態学の一部ですので、すべてはすべてに関係しています。マネジメントの樹や、イノベーションの樹、マーケティングの樹など、本書で紹介した見方も取り入れて、自分だったらどう樹を成長させるかも見てみるのはいかがでしょうか。

ドラッカーをモチーフにしたベストセラー小説『もし高校野球の女子マネージャーがドラッカーの「マネジメント」を読んだら』（岩崎夏海著、ダイヤモンド社）が刊行されたのは二〇〇九年のことでした。以来、中高年男性が中心だったドラッカー学徒は、女性、若い人たち、学校、医療関係などへ一挙に広がり、自己教育やチームづくりにも取り組まれるようになったのは真の革命といってよい事件でした。

次に、マネジメントの展開に伴う一つの方向性を示すものとして、仕事と人生を全体として見ていく、トータル・ライフについて見ておきましょう。

シングル・トラック人生からの脱却

個として、社会的存在として、人生を同時的かつ全体的に展開していくあり方を、ドラッカーはトータル・ライフと呼びましたが、実はトータルにとらえる発想自体がマネジメントに根差したものであったことはあまり指摘されてきませんでした。

トータル・ライフは、『現代の経営』以来、ドラッカーが折に触れて説くコンセプトです。知識労働者にとっての競争力の源泉になっている点にも注目すべきです。

トータル・ライフについての見方は、ブルース・ローゼンステインや、ボブ・ビュフォードなど、ドラッカーに学んで人生を展開した人たちによる優れた文献がありますので、ご参照ください。

昨今、日本でも平均寿命の延びや新型コロナウイルス流行に伴うライフスタイルの変化に伴い、人生をトータルに見る必要性が高まってきています。仕事と人生の見方は、幅広く解釈され、組織開発や人材開発のみでなく、社会と個の革新と創造を促すコンセプトとして進化し続けています。

自身の能力を伸ばし、広い世界とかかわりをもとうとする人のほうが、そうでない人よりも組織の価値を高める。そのような考え方が、次第に理解されるようになっています。すべてはドラッカーのマネジメントにすでに体系化されています。

まして、知識が主たる生産資源となったことが明らかな昨今では、学ぶ力こそが人と組織の成長動因たらざるをえません。しかも、人の学ぶ力は、死ぬまで衰えることがないのです。

セルフマネジメントを仕事と人生の相互作用の観点でトータルに整理すると、個としての生き方の充実を図れば、会社人生への働きかけにもつながるはずです。反対に会社人生の充実を図れば、個としての人生の働きかけにつながるはず。全体として見なければ成長をはかることはできないのです。

全体としてのプロセスから見るという観点自体がつい最近まで致命的に欠落していました。戦後七五年の人の仕事観を振り返るならば、それ自体シングル・トラック（会社だけの人生）であることが個としても社会としても半ば自明とされ、個の側面などあってなきがごとくに扱われてきたからです。

Q 私たちのトータル・ライフの樹を成長させるために取るべき行動は何だろう？

人生全体をマネジメントする

人は誰でもきちんと観察すればいくつもの人生を生きています。

私は複数の人生を同時に生きていない人などにお目にかかったことがありません。

私たちは自分の仕事人生をあまりに深刻にとらえ過ぎて、それ以外の人生がいくつも進展していることをうっかり忘れてしまっています。

ドラッカーから助言を受けたボブ・ビュフォードは、事業家としての人生の優先順位にこだわり、仕事だけが人生の成功条件と思い込んできました。

自分でつくった目標通りの自分を生きようと、しゃにむにがんばっていました。

人生とはこういうものだと自分で思っていました。

しかし、ドラッカーに人生の多様性を教わるや、自身教会で教えてきた事実に目を止め、そこを起点に大胆に第二の人生を力強く創造していったのでした。

自らの人生の多様さをつくっているのを認めるのは自分です。

虚心に自分自身を振り返らなければ、「もう一つの人生」に気づくことさえできません。

人生は自分で定義できるほど単純ではない。

ありのままに眺めれば、十分過ぎるほど多様で豊かなものです。

その認識が豊かな第二の人生をマネジメントする第一歩です。

経済中心で万事ＯＫならば、会社オンリーのシングル・トラック人生でも十分に回っていきます。仕事人としての質を高めれば、それによって人生全体の質が高まるからです。それくらいに、人生の中に占める仕事の割合が巨大であったということですが、経済成長がもはや望めず、知識社会の急激な展開に伴い個の比重が圧倒的になると、会社オンリーの見方自体が多くの人たちにとってかえって足枷になっています。

知識の時代にはそれにふさわしい新たな問いがなければならないのです。

二つ以上の人生を生きる

トータル・ライフを説明するにあたり、ドラッカーは「二つ以上の人生を生きる（Living in more than one world）」という表現を用いています。

人生をトータルにとらえるにあたって、「生産的原点」が何かを見定める必要があります。従来であれば、会社を自分と一体化させることによって、それ以外の世界を顧みず、無関心であることが熱心さの証のようにさえ錯覚されてきました。会社オンリーは、経済がほとんど唯一の価値の中心だった時代でさえ多くの問題をはらんでいたと私は見ています。知識や強みが価値の源泉をなす現代にあっては、破壊的作用さえ及ぼしています。

すでにＯＳが完全にアップデートされているのに、必要なアプリケーションがインストールされていない。しかも、インストールは個々の意思にゆだねられていることさえ知らずにいる人があまりにも多いのです。

トータル・ライフは、人々に深刻な問いを投げかけています。

「今までの生き方働き方が通用しないなら、次はどのような考えや行動をとるべきなのだろうか？」

「自分たちの前提は果たして正しいのだろうか？」

「人生全体を今どうイメージすればよいのだろうか？」

問いが次々と出てくるようになればしめたもの。問いとは、前提への挑戦を意味するからです。新しい認識と行動への強力な呼び水となります。

先般の新型コロナウイルスの問題によって、知識労働者にとって劇的な環境変化はすでに実現してしまいました。リモートワークやワーケーションなどが典型です。新型コロナ対策の一環として、世界中の企業や学校などでテレワークやオンライン授業、会議などが活用されています。レノボ・ジャパンの企業を対象とした調査（日本、アメリカ、イタリア、ドイツ、中国）によれば、四六％の企業がリモートワークを奨励し、二六％の企業がテレワークを必須とすると回答しています。オンライン会議などで急激に利用されるようになったZoom社の株価は新型コロナウイルスの流行で約一〇倍に値上がりしています。私たちは、トータル・ライフを創生するうえで、さらなる創造的な変化を引き起こすための導線としてすべての変化を利用しなければなりません。

トータル・ライフをマネジメントするうえで、重視されるのは三つの見方です。

第一が、**生まれてから現在までの振り返り**です。過去をきちんと見ることによって初めて未来を展望できるからです。

自身が何を学んできたか、何に力を注いできたか、何を成し遂げてきたかを知ることで、他の分野に展開できないかを確認するのです（次頁トータル・ライフの樹）。

縦に展開してきた強みを横展開できないか。

すでによくできたことを見るうえで、自分との対話を通して内面を深く掘り下げていくほどに、現在にいたる樹の成り立ちがくっきりと見えてきます。

もちろん過去を回顧するだけではトータル・ライフを考えたことにはなりません。セルフマネジメントは、仕事と人生への視野を広げて、新しい視点を得ることにあります。

ドラッカーもまた、トータル・ライフを見ることで、書き、教え、相談に乗るなどの自らの強みを多面的に展開した人でした。

ドラッカーに個人コンサルを受けたボブ・ビュフォードは、四〇歳を超えてから、トータル・ライフを見るよう諭されて、強みと可能性に思いをはせ始めます。自身が丹精を込めて培ってきたものを、他の分野に応用展開できないかを見て、四〇代半ば以降大胆に場所を変えたのです。ビュフォードの場合は、ケーブルテレビ会社の経営者として培ったマネジメントの経験、通信技術の素養を、新しいスタイルの教会であるメガチャーチの普及に横展開し、その分

トータル・ライフの樹

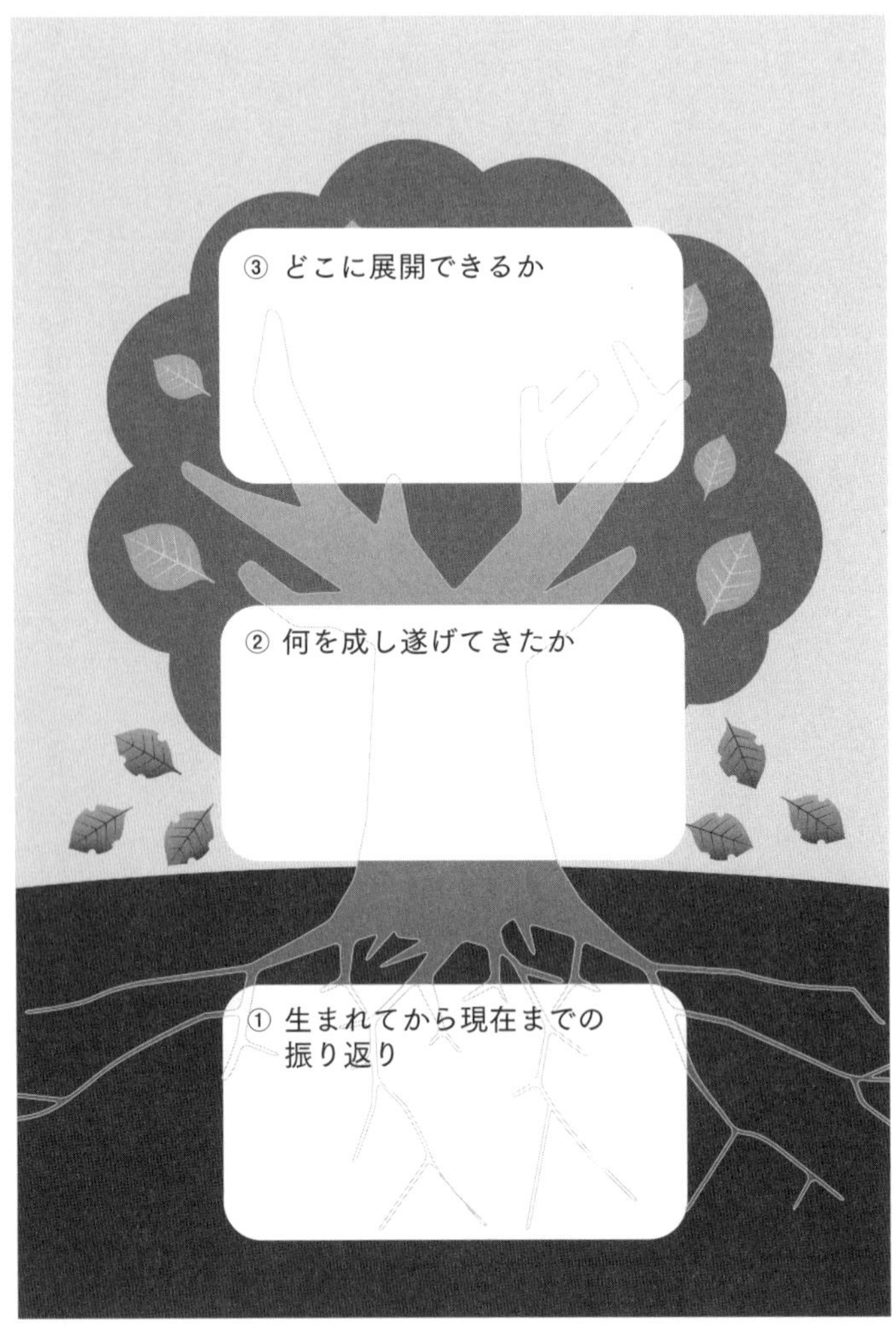

野で歴史に輝かしくその名を刻んだのでした。

とくに四〇歳あたりに訪れる燃え尽き症候群についてドラッカーは深刻な危惧を表明しています。どんなに高度な知識労働者であっても、四〇歳まで同じ業務をしていると飽きてくる。飽きからくる倦怠が、知識労働者の仕事と人生に対して破壊的な作用をもつことを指摘し、ビュフォードが行ったように、「場所を変える」ことを勧めたのでした。

ある程度育った樹を植え替えるように。

樹はいきいきとふたたび成長を始めます。

第二の人生の助走を始める

会社人生だけを全人生とする時代はとうに終わっています。いや、もともと錯覚だったのです。しかし、気づいている人はあまりにも少ないのです。

第二は、**外に出て、知らない世界に目を向けてみること**です。

ドラッカーは九〇年代以降、ＮＰＯや救世軍、メガチャーチなどのコンサルティングも行ってきました。経済よりも一段広く人と社会を支援する活動でした。

私の知識や経験を生かせる新しい場所はどこにある？

セカンド・キャリアを展開するには、自分自身が何を行い、どのような成果をあげてきたかの振り返りが意味をもちます。経済至上主義の時代においては、第二の仕事がありうることさえ知られていませんでした。

会社が人生において唯一意味ありとする無意識の前提が、会社中心主義、法人資本主義をつくってきたからです。かくしてシングル・トラックの人生が強化されてきました。

けれども、本当に会社だけが意味ある組織なのか。視野を広げて生活全体を見ると、ありのままの風景が見えてくるのではないか。

周囲には、マンションの自治会があり、学校や公民館、児童館、病院があります。少年野球やサッカーなどのボランティアの団体もあります。シルバーの方が花壇を育てたり、道の清掃をしてくれています。ありのままに見れば、さまざまな人たちがさまざまな活動を通して、人と社会をつくっている姿が目に入るはずです。人と社会を生態系に見立てる眼の働かせ方です。すでに十分過ぎるくらいに世界は多様なものだという現実を見ることです。会社オンリーから脱するためには、顔を上げて、周囲の現実に目を向けるだけで十分。

そして第三に、**「第二の人生」の助走を始める**。晩年に述べたセルフマネジメントの中でも、最も背中を押してくれる見方の一つです。

先に、知識労働者が一つの仕事をするうちに内向きとなり、やがて燃え尽きていく危惧についてふれました。

ドラッカーは四〇歳あたりから第二の人生の助走に入るべきことを勧めました。すなわち、第二の人生とは、実際には定年のずっと前から見ておくべき課題です。現在、定年前後の人々が、第二の人生の身の置きどころや貢献できる領域を探し求めています。楠木新氏は『定年後——50歳からの生き方、終わり方』（中公新書）で次のように述べています。

「元気な人の共通項を探ってみると、教育関係に取り組んでいる、若い頃の自分をもう一度呼び戻している、などを挙げることができそうだ。また会社の仕事だけではなくて、それ以外の何かに取り組んでいる人という条件も重要ではないかと感じた」

楠木氏は、第二の人生を行政や経済などの制度的問題ではなく、一人ひとりの生き方の問題ととらえています。一次方程式で人生が解ける時代ではなく、二次方程式、三次方程式が必要になっている。

ドラッカーがかねがね主張する問題意識と大いに重なるところがあります。

世はロールモデルに満ち溢れている

プリンシプルをいくつか紹介していくことにしましょう。

一つは、**価値観の確認**です。自分は何を目指してきたかを、過去の回顧から確認することです。確かに経済的な充足は必要条件ですが、収入だけが増えても、価値観が充足されるわけではありません。

もう一つは**仲間をもつこと**です。たくさんである必要はありません。少なくともミッションの共有できる人たちであれば上出来です。今はSNSなどで、常時連絡を取り合う方法はいくらでもあります。行動を共にしてくれそうな人や場所を探し、見方を伝えたり、行動したりする。仕事が忙しい時期、自分の時間をすべて仕事に注いでいると、いつまでたってもトータル・ライフの樹は育ちません。

五つの質問の樹を見直し、根をなしていたミッションを今一度思い出すにまさるものはないでしょう。ミッションは、個にも組織にも仲間や家族にもあります。意識されていないだけです。

先のビュフォードは、第二の人生をアメリカンフットボールの試合になぞらえて、セカンドハーフ（後半戦）と呼んでいました。その中間にあたる四〇～五〇歳あたりまでを「ハーフタイム」と呼び、前半・後半それぞれの観点から戦略プランを見直す一時期と考えました。後半戦で創造的な変化を起こすためにミッションを活用しなければなりません。

彼の場合、ファーストハーフ（前半戦）を会社経営者としての成功、売上げや利益などの財務目標に置いてきましたが、セカンドハーフ（後半戦）ではミッションと貢献を中心に据えることで、よき仲間たちとともにメガチャーチの組織活動で成功することになりました。

人生百年とも言われるように、現在四〇歳、五〇歳の方々を見ても外見も考え方も若いのに驚かされます。平均寿命から見てもようやく半分を超えたばかりです。第二の人生の助走を四〇歳で始める方にとって、世はロールモデルに満ち溢れています。半世紀前と比べると隔世の感があります。

私の知る方々でも、定年より前に編集プロダクションを起こしたり、大学で教えたりする方が少なくありません。

代表的な方を一人挙げよと言われたら、本書でもしばしば言及された、ドラッカーの翻訳者・編集者として知られる上田惇生氏が脳裏に浮かびます。上田氏は日本経団連の要職を務めつつ、三〇歳半ばで翻訳家として知られるようになりました。経団連を定年退職後は、ものつくり大学の創設を主導し、教授として若者を指導しました。さらに大学を退職してからは独立翻訳家として活躍されました。

上田氏の人生をトータルに見ると、第二の人生どころか、第三の人生まで力強く創造的に展開していたことがわかります。しかも、活動の場を変えているだけで、行っている軸は大きく変化していなかったのです。執筆、翻訳、講義・講演などは常に行っていました。場所が変わっていただけでした。学ぶ力が一生衰えなかったのは、厳然たる事実です。

ドラッカーと上田氏が示してくれた人と業績は、今なお筆者にとってかけがえのないロールモデルを提供してくれています。

あとがき——自分のために話してくれ、自分のために書いてくれている

二〇〇五年にドラッカーが没したときの追悼を上田惇生先生は次のように述べています。

「ドラッカーにとって、マネジメントは金儲けのための道具でも数式でもない。人の幸福と組織と社会とマネジメントは、ひとつにつながっている。私は氏の著作の多くを翻訳する幸運に恵まれたが、こうした哲学が根底にあるからこそ、ドラッカー氏の話を聞き、本を読んだ人は、自分のために話してくれ、自分のために書いてくれているのだと確信することができるのであろう」

自分のために話してくれ、自分のために書いてくれているのだ——。

今なお、私の心にとどまる熱源はこの一言で説明し尽くされます。

ドラッカーを学ぶにあたり、とりわけ筆者にとって幸運だったのは、かく言う上田先生の薫陶をいただけたことです。人の一生にはしばしば思いがけない偶然があり、それが重大な契機となることがめずらしくありません。二八歳の駆け出しだった筆者にとって、上田先生の存在ほどかけがえのない導き手はありませんでした。

ドラッカー本人から「最大の理解者にして、日本の分身」とされた上田先生は、二〇一九年に惜しまれつつ世を去られましたが、今なお、筆者の心の中では、ドラッカーの残した課題を

めぐり、上田先生との対話は継続しています。現下のコロナ禍をはじめとする未経験の変化に際し、上田先生ならどんな風に世を観察し、どのように言われたろうかとしばしば考えさせられます。上田先生の発した言葉に思いの深さを発見し、今もって新たな驚きを覚えています。

本書は上田先生との内的対話の成果でもあります。いうまでもなく筆者の未熟もあり、十分にその魅力を伝え切れたか、いささか心もとない気持ちも否定できません。それ以前に、私自身いまだにドラッカーを十分理解しえたとは夢にも言うことはできません。

けれども、一学徒としてはっきり言えることは、ドラッカーを真摯に学ぶことによって何一つ失われるものはなく、得られるものしかなかったという実感です。かえって、卓越した問いの力に導かれて、時代が変化していくほどに、視点が刷新されていくように感じています。

それは外的な世界のみでなく、個々の内的な世界においても同様です。パワフルな問いによって促される巨大な指南力、感化力、そして刷新力からも、ドラッカーが未来の思想家であることがひしひしと実感されるのです。

ドラッカーの説くところは万般に関係します。なぜなら、「人の幸福と組織と社会とマネジメントは、ひとつにつながっている」のだから。

大きな会社を経営したり、中堅企業の管理職だけがマネジメントではない。ドラッカーの声に耳を傾けると、自然に問いが樹木の種子のように内面にとどまり、いつしかのびのびと育っていくのを感じるようになります。

最もパワフルな見方が、「強みを生かす」でしょう。私はドラッカーを読むまで、恥ずかしいことに、「強み」という言葉さえ知りませんでした。強みを生かせという主張を耳にしたことさえありませんでしたし、見たことはなおさらありませんでした。

強み——。

それが二〇代の頃の私にとって救済のマントラのように聴こえたことを、昨日のように思い出します。

インターネットをいくら検索しても、自分の強みばかりは自分で見なければなりません。それは自分として生まれ、自分として生きていくための、第一の「責任」であるとともに「本業」でなければならない。

そのことが「ドラッカーは自分のために話してくれ、自分のために書いてくれている」ことの最高の証である。

そう切実に思われてなりません。

謝辞

何より感謝すべきことは、人のつながりです。素晴らしい人は素晴らしい人を友にもつことを今回の執筆ほどに実感したことはありませんでした。本書の執筆にあたり、助力をくださった尊敬するお二人、日本能率協会マネジメントセンターの黒川剛氏、編集者の根本洋子氏に特記して感謝を表します。ご両所は一流のプロ編集者として、構成、読みやすさ、ビジュアルなど広範囲で真摯な助言と尽力を惜しまれませんでした。

また、いつも素敵なイラストを描いてくださる並木まきさんにも、この場をお借りして御礼申し上げたいと思います。

もちろん本書に伴ういかなる過誤も筆者の責任であることは言うまでもありません。

井坂康志

二〇二一年九月

参考文献

井坂康志『ドラッカー流自らをマネジメントする「フィードバック」手帳』かんき出版、二〇一六年
E・イーダスハイム／上田惇生訳『P・F・ドラッカー――理想企業を求めて』ダイヤモンド社、二〇〇七年
岩崎夏海『もし高校野球の女子マネージャーがドラッカーの「マネジメント」を読んだら』ダイヤモンド社、二〇〇九年
上田惇生・井坂康志『ドラッカー入門　新版』ダイヤモンド社、二〇一四年
枝廣淳子・小田理一郎『なぜあの人の解決策はいつもうまくのか？』東洋経済新報社、二〇〇七年
加賀見俊夫『海を越える想像力』講談社、二〇〇三年
菊澤研宗『ビジネススクールでは教えてくれないドラッカー』祥伝社新書、二〇一五年
楠木新『定年後――50歳からの生き方、終わり方』中公新書、二〇一七年
國貞克則『現場のドラッカー』角川新書、二〇一九年
J・コリンズ／山岡洋一訳『ビジョナリー・カンパニー』日経BP社、一九九五年

島田恒『「働き盛り」のNPO』東洋経済新報社、二〇一五年
白取春彦『心に火をつける「ゲーテの言葉」』潮出版社、二〇一七年
C・デュヒッグ／渡会圭子訳『習慣の力〔新版〕』早川書房、二〇一九年
戸部良一他『失敗の本質』中公文庫、一九九一年
P・F・ドラッカー／上田惇生訳『現代の経営』ダイヤモンド社、二〇〇六年
P・F・ドラッカー／上田惇生訳『創造する経営者』ダイヤモンド社、二〇〇七年
P・F・ドラッカー／上田惇生訳『経営者の条件』ダイヤモンド社、二〇〇六年
P・F・ドラッカー／上田惇生訳『マネジメント――課題・責任・実践』ダイヤモンド社、二〇〇八年
P・F・ドラッカー／上田惇生訳『傍観者の時代』ダイヤモンド社、二〇〇八年
P・F・ドラッカー／上田惇生訳『イノベーションと企業家精神』ダイヤモンド社、二〇〇七年
P・F・ドラッカー／上田惇生訳『新しい現実』ダイヤモンド社、二〇〇四年
P・F・ドラッカー／上田惇生訳『ポスト資本主義社会』ダイヤモンド社、二〇〇七年
P・F・ドラッカー／上田惇生訳『非営利組織の経営』ダイヤモンド社、二〇〇七年
P・F・ドラッカー／上田惇生訳『明日を支配するもの』ダイヤモンド社、一九九九年
P・F・ドラッカー／上田惇生訳『ネクスト・ソサエティ』ダイヤモンド社、二〇〇二年
P・F・ドラッカー／上田惇生訳『経営者に贈る5つの質問　第2版』ダイヤモンド社、二〇

一七年
Ｐ・Ｆ・ドラッカー／上田惇生訳『われわれはいかに働き　どう生きるべきか』ダイヤモンド社、二〇一七年
Ｐ・Ｆ・ドラッカー／上田惇生編訳『プロフェッショナルの条件』ダイヤモンド社、二〇〇〇年
Ｐ・Ｆ・ドラッカー／上田惇生編訳『チェンジ・リーダーの条件』ダイヤモンド社、二〇〇〇年
Ｐ・Ｆ・ドラッカー／上田惇生編訳『イノベーターの条件』ダイヤモンド社、二〇〇〇年
Ｐ・Ｆ・ドラッカー／上田惇生編訳『テクノロジストの条件』ダイヤモンド社、二〇〇五年
『ドラッカーコレクション水墨画名作展』日本経済新聞社、一九八六年
外山滋比古『知的創造のヒント』ちくま学芸文庫、二〇〇八年
外山滋比古『ライフワークの思想』ちくま文庫、二〇〇九年
内藤孝司・梅岡比俊『グレートクリニックを創ろう！』中外医学社、二〇一三年
野村総合研究所『２０１０年　日本の経営』東洋経済新報社、二〇〇六年
Ｃ・Ｌ・ピアース他／上田惇生他訳『ドラッカー・ディファレンス』東洋経済新報社、二〇一〇年
Ｂ・ビュフォード／井坂康志訳『ドラッカーと私』ＮＴＴ出版、二〇一五年

平川克美『復路の哲学』夜間飛行、二〇一四年
K・ヒルティ／草間平作他訳『幸福論』岩波文庫、一九六五年
藤田勝利『新版　ドラッカー・スクールで学んだ本当のマネジメント』日経BP社、二〇一一年
V・E・フランクル／池田香代子『夜と霧　新版』みすず書房、二〇〇二年
松井忠三『無印良品の、人の育て方』KADOKAWA、二〇一四年
松波晴人『「行動観察」の基本』ダイヤモンド社、二〇一三年
B・ローゼンステイン／井坂康志訳『ドラッカーに学ぶ自分の可能性を最大限に引き出す方法』ダイヤモンド社、二〇一一年
『日経ビジネス』二〇二〇年一二月二一日号
『週刊ダイヤモンド』二〇〇一年三月三日号
『ハーバード・ビジネス・レビュー』二〇〇四年八月号、二〇一〇年六月号
Charles Handy, *Myself and Other Important Matters*, Arrow, 2007.
Charles Handy, *The Second Curve*, Cornerstone Digital, 2015.

もっと学びたい方へ

最後までお読みいただき、ありがとうございました。

知識が時代の中心を占める知識社会において、自分自身をどう展開していくか。

ダイバーシティやワークライフバランスの叫ばれる時代、あるいは大企業における過重労働や経営陣のモラル欠如が指摘される時代において、個がどのような働き方生き方の指針をドラッカーから学びうるか。

問題意識はそれぞれながら、ドラッカーによるコンセプトを補助線として現代を読み解き、未来への指針を得ていただきたく、「Drucker Studies ドラッカー研究」サイトを開設しております。

本書に書き切れなかった、ドラッカーを読み解くキーワード、生い立ちなどのほか、さらに深く知るためのリーディングリスト「Books」もございます。

ドラッカーの最大の焦点は、それらが実践に適用され、成果をあげうるかにあります。皆様の仕事そして人生に役立てていただけることを願っております。

Drucker Studies
ドラッカー研究

「Drucker Studies ドラッカー研究」サイト

http://drucker-studies.com/

読者特典

本書に掲載した図版のカラーバージョンをダウンロードしてご活用いただけます。

「マネジメントの樹」をはじめ、樹々の図を印刷してお部屋に貼って眺めたり、「マネジメント・レター」「トータル・ライフの樹」などをワークシートとしてご自身のことを記入し共有してみるなど、ご自由に工夫・ご活用ください。

読者特典ダウンロードサイトURL

https://www.jmam.co.jp/pub/2944.html

著者紹介

井坂 康志　Yasushi Isaka

1972年埼玉県加須市生まれ。早稲田大学政治経済学部卒業、東京大学大学院人文社会系研究科博士課程単位取得退学。博士（商学）。現在、ものつくり大学特別客員教授、ドラッカー学会理事・事務局長、早稲田大学法学部非常勤講師。2005年5月、ドラッカーに対してクレアモントにて外国人編集者として最後の独占インタビューを行う。

著書に、『ドラッカー入門　新版』（上田惇生氏と共著、ダイヤモンド社、2014年）、『ドラッカー流「フィードバック」手帳』（かんき出版、2016年）、『P・F・ドラッカー――マネジメント思想の源流と展望』（経営学史学会奨励賞受賞、文眞堂、2018年）、『ドラッカー×社会学――コロナ後の知識社会へ』（多田治氏と共著、公人の友社、2021年）等。

翻訳書に『ドラッカーに学ぶ自分の可能性を最大限に引き出す方法』（ダイヤモンド社、2011年）、『ドラッカー　教養としてのマネジメント』（共訳、日本経済新聞出版社、2013年）、『ドラッカーと私』（NTT出版、2015年）等。

Drucker for Survival ドラッカー・フォー・サバイバル
未来を大きく変えるドラッカーの問い

2021年9月30日　　初版第1刷発行

著　　者――井坂康志 ©2021 Yasushi Isaka
発 行 者――張 士洛
発 行 所――日本能率協会マネジメントセンター
〒103-6009　東京都中央区日本橋2-7-1 東京日本橋タワー
TEL　03(6362)4339(編集)／03(6362)4558(販売)
FAX　03(3272)8128(編集)／03(3272)8127(販売)
http://www.jmam.co.jp/

装　丁――――――――山之口正和（OKIKATA）
イラスト―――――――並木まき
本文ＤＴＰ――――――株式会社明昌堂
印 刷 所―――――――広研印刷株式会社
製 本 所―――――――ナショナル製本協同組合

ISBN 978-4-8207-2944-0　C2034
落丁・乱丁はおとりかえします。
PRINTED IN JAPAN